新零售

主编 ◎ 林立伟 魏石勇 周颖杰 朱美虹 邹蔚菲

上海财经大学出版社

图书在版编目(CIP)数据

新零售/林立伟等主编．—上海：上海财经大学出版社，2020.8
ISBN 978-7-5642-3587-1/F·3587

Ⅰ.①新… Ⅱ.①林… Ⅲ.①电子商务-网络营销 Ⅳ.①F713.365.2

中国版本图书馆 CIP 数据核字(2020)第 111425 号

□ 责任编辑　黄　荟
□ 封面设计　贺加贝

新零售
林立伟　魏石勇　周颖杰　朱美虹　邹蔚菲　主编

上海财经大学出版社出版发行
(上海市中山北一路 369 号　邮编 200083)
网　　址：http://www.sufep.com
电子邮箱：webmaster@sufep.com
全国新华书店经销
上海华业装璜印刷厂印刷装订
2020 年 8 月第 1 版　2020 年 8 月第 1 次印刷

710mm×1000mm　1/16　8.25 印张　114 千字
印数：0 001—3 000　　定价：45.00 元

序　言

新零售对于我国的电子商务发展是个重要的里程碑。马云已经提到了再经过10年电子商务会变成新零售的概念。随着电子商务的发展，从蓝海市场变成红海市场，消费者体验对于电子商务平台来说就显得非常重要。在线与线下的大结合，可以快速地让大众了解到商家对消费者越来越重视。消费者未来的需求会让供货商越来越看重，如果没有提供给消费者好的产品质量、好的商品体验，商家就很难在未来的市场上生存。本书主要是应用了近5年来最新的电子商务案例与概念来写作，相信会让大学生理论结合实践，提高自身综合能力。

《新零售》教材主要从消费者的角度来探讨新零售在线与线下的大结合，打破了许多教材的传统模式。本教材在写作上引入了最新的案例，包括应用IT、大数据、5G技术、网红直播带货、移动商务等相关概念，贴近生活，内容深入浅出、通俗易懂。本教材有课后练习和一些配套资源，推荐本科及高职高专相关专业学生参考学习。

在本教材的编写过程中，感谢浙江财经大学东方学院信息学院电子商务系提供了一个良好的环境，感谢浙江省电子商务企业提供了最新的新零售商业模式，也希望本书能够为相关人士提供帮助。要感谢的人实在太多了，最后要把这本书送给在天上的父亲林武夫先生，感谢您的养育与栽培！

最后感谢广西玉林师范学院商学院魏石勇副教授、河南城建学院副院长周颖杰教授、浙江水利水电学院朱美虹副教授、广东技术师范大学管理学院邹蔚菲讲师的倾力合作。

浙江财经大学东方学院信息学院电子商务系副教授
林立伟
2020 年 8 月

目 录

第一章　新零售时代与未来

❖ 案例导读

盒马鲜生新零售方式

盒马鲜生由阿里巴巴集团投资，秉持“生鲜产品30分钟可以送到消费者手中，免费配送，通过平台下单可以买到全球生鲜产品”的理念。我们通过这样的模式，可以直接结合在线下单、线下配送的方式，让消费者快速体验新零售的快感。

消费者既可以到盒马鲜生的实体店面购物，也可以通过在线平台直接下单购买，这样的推广与折扣方式，可谓在线与线下大结合。

盒马鲜生是一家以经营生鲜产品为主的连锁超市，2016年获得了阿里巴巴1.5亿美元的投资，门店遍及多地。那么，这样一家销售传统食品的超市靠什么吸引了电商巨头阿里巴巴的目光而获得如此巨额的投资？它目前的销售业绩如何？

在零售门店销售普遍低迷、客流和利润下降的大环境下，一个运营不久的超市可以取得不错的业绩，难怪会吸引投资者的关注。那么，盒马鲜生采用了什么新的策略和方法，竟然让阿里巴巴认为这就是未来几年的新零售模式？以下几点是它的核心：

(1)盒马鲜生开发了自己的在线销售APP，客户可以在线下单和支付，门店会免费将商品配送到家。线下进店客户同样享受购买后免费配送到家的服务。

(2)盒马鲜生可以让客户在线、线下并单购物。比如，线下购买离开后感觉量不够或者漏了某些东西，可以马上在APP上下单，门店会并单一起配送。

(3)门店设置了餐厅的功能,可以帮客户现场加工生鲜产品。这个功能受到了在线下单又不愿意烹饪或烹饪水平一般的白领的青睐,同时吸引了在线客户到店以提升客流量。在线与线下同价,无论客户在哪里购买,永远不用担心价格问题,为了实现这点,盒马鲜生门店采用电子卷标,同步调价。

(4)盒马鲜生承诺,门店附近3公里内全部实现30分钟配送到家。为了做到这点,同时保障生鲜质量,每个门店都设置了至少300平方米的仓库,配备了大量的员工(上海首家店配备超过80人的自营配送队伍)。表面上看,成本高了好多,但拥有强大电商思维的盒马鲜生却借助门店设大仓库的机会,同时解决了在线订单仓储、线下门店展陈商品更新和补充以及快速配送3个问题,这样物流成本大大下降,不需要每天频繁进货,产品质量也得到了保障。

第一节　新零售时代介绍

一、浙江省新零售方法的演变与进化

(一)以消费者为尊的时代来临

1. 实体店面与网络平台介绍

从早期的实体商店如大润发、沃尔玛、全家便利店、7-11便利店,到2019年Costco在上海开业,最终目的都离不开消费者的消费。但是,零售业购物模式正在打破传统的方式。2008年电子商务开始慢慢被国内消费者接受,许多实体商店也开始直接投入虚拟商店来经营,这确实改变了整个传统零售业的经营方式,但有一点是肯定的,即以消费者为尊的时代更加被重视。2008年平台经营的商家可以快速获利,到现在经营上竞争越来越激烈,就更加要以客户为尊。

2008年的时候,平台的经营者只要好好做推广的工作,就可以很快获利。但是,想不到在2020年的时候,消费者的胃口越来越难以获得满足。

为何会这样转变呢？我们观察到，消费者不再是单纯来购物，他们喜欢通过在线体验、网红直播互动、VR在线模拟情境等购物方式，进一步增强购买意愿。

现在阿里巴巴集团旗下的淘宝、天猫也是在做一个区隔。淘宝网早期是应用“人人都想当老板开店”的方式来运作的，不需要交纳店铺的租金。后来因为许多品牌商想要进入电子商务，阿里巴巴集团才开始成立新的购物平台天猫，与淘宝网做一个区隔。天猫后来支持VR在线购物体验，应用了在线与线下的概念，通过这样一系列的产品导入，让消费者能够更加喜爱这种购物方式。这种虚拟情境可以带来新的科技革命与体验。淘宝网虽然属于早期的平台网站，但是随着时代环境的变化，增加了网络直播的方式，通过网络直播与消费者做互动，把消费者引进流量模式再加以改变。这样的体验模式正在打破我们传统的营销模式，即只注重推广，忽略了消费者的诉求。显然，如今的消费者越来越喜欢通过有趣的方式来与商家和平台做互动。

2. 新零售营销的方式

新零售营销的方式正在打破传统的营销方式与调查方法。传统的营销方式提到4P、STP、五力分析等相关概念，需要通过销售员的实际调查访谈或者观察，但新零售是通过科技中的大数据概念导入来了解消费者的购物习惯和行为，这也是为何要把新零售的书籍写出来，主要是希望对下一代有新的启发与贡献。新零售是由阿里巴巴集团创始人马云所提出的概念，他提出传统的实体店需要与在线的店面做结合。后来，马云陆续并购大润发、三江购物等实体购物商场。阿里巴巴有专业的大数据分析团队，可以针对实体店面消费者在某个地方喜欢购买的商品来分析消费者行为，并结合在线平台消费者来分析消费者购买特性，通过这样的调查方法进一步针对在线与线下的目标客户群做产品推广，同时减少盲目的传统广告投放。平常我们使用一些影音平台，包括爱奇艺、bilibili、YouTube等，会针对消费者喜好推送其最爱的相关影片题材。现在的淘宝网、天猫网、京东网也会针对消费者平常喜欢浏览的产品做定期的新品推广与指南，即通过高科技手段，平台可以监控到消费者购买习惯等数据。新营销主要还体现为线下消费者在购物逛街的过程中，看到了喜欢的商品，可以扫二维码直接购物，商品除了有优惠外，还可以直接送货到家。杭州的物美超市就是通过这样的方式来凸显新零售概念。

现今互联网的发展，传统电子商务平台商家面对微利时代的来临，只有改变才能进步。电子商务发展到今天，已经占据中国零售市场主导地位，2016 年 10 月的阿里云栖大会上，马云在演讲中第一次提出了新零售，"未来的 10 年、20 年，没有电子商务这一说，只有新零售"。

什么叫做新零售呢？就是指企业以互联网为基础，通过大数据、AI 人工智能等先进技术，并运用消费者行为学的知识，对商品的生产、设计与销售过程进行不断升级改造，进而重塑业态结构与生态圈，并对在线服务、线下体验以及现代物流进行深度融合的零售新模式。

（二）新零售的未来发展趋势

1. 在线与线下情境体验(O2O 情境体验)

随着新零售模式的出现，在线和线下将从以前的相对独立逐渐转化为相互融合、促进，其关键在于使在线的互联网力量与线下的实体店终端真正地结合，从而完成虚实整合的电商升级，电子商务和商业模式也开始产生变化。

2. 大数据精准分析

基于大数据技术的支持，零售企业可以对客户进行群体细分，精准地定位用户群体，然后了解这个用户群体的具体需求，根据需求来设定不同的消费场景体验，这样才能够真正地做到了解用户，将新零售平台与用户紧密地结合在一起，为未来的发展抢占先机。全联超市执行长谢健南提到，2019 年的电商转变为共享情报、共同营销、共同配送的概念，等于是打破了虚实的概念，新的商业模式将会诞生。

我们通过在线的社群影音平台、网红直播平台（淘宝网红直播）可以了解到，现在的电子商务平台网站会针对不同的消费者来做定位与分析，最终的目的在于解决消费者的购物问题，更加精准的定位可以帮助厂商提供一套完整的服务给消费者，替厂商与消费者共创双赢的局面。

现今大数据时代来临，天猫小店、京东小店都在做消费者大数据分析，包括这个区域附近一公里内的消费者购买过哪些产品，然后根据这些数据来推荐给商家可以进哪些货品。这样的大数据分析，就是结合了消费者的购买特性来给商家做主要的客群定位，同时可以提高商家对于消费者的购买分析与预测能力。

3. 强化用户体验与建立买卖双方信任关系

电子商务平台在不断思索：如何去打造用户体验？体验不单单是提供产品给消费者而已，还需要通过生活中的某些小故事与消费者产生共鸣。即卖家要与消费者变成好朋友，而如何去维持长久的关系，就要在买卖双方之间建立信任感。许多电子商务平台厂商提供了在线体验，例如让消费者戴上 VR 眼镜模拟购物场景，或者是消费者到实体商店直接购买，后续物流免费配送，这样一连串的服务都可以看出卖家想同买家建立起朋友的关系。在互联网快速发展的时代背景下，消费者得到的商品信息更多，随着人们物质生活水平的不断提高，对消费的关注点已经不再仅仅局限于价格等方面，而是更多地注重对消费过程的体验。因此，探索运用新零售模式来升级消费购物体验，推进消费购物方式的变革，建立新零售的全渠道生态，将会成为企业实现新商业模式的重要途径和方法。

4. 科技的融合与消费者体验

随着互联网、云计算、大数据、人工智能等新技术的不断发展，零售行业从商品的生产到消费都能够实现有效监控，零售商得以实现零库存经营，这对零售行业起到了减负的作用，也将直接推动行业的高速发展。

未来的生产不再是制造商的天下，而是更多地根据使用者的需求进行有针对性的生产，商品的分配也是基于用户大数据的分布，商品的体验不再是传统方式，当新的零售业逐步深化时，我们将真正改变传统的行业生产、供应和体验，一个新的时代将被开启。

消费者的体验不只是线下的体验，也会结合在线的体验。这样的一系列过程打破了传统以生产制造商为主的概念，而是以消费者为中心的集生产、设计、体验于一体的产品制造过程。任何产品，要让消费者感到满意，最终的目的是让消费者不管是在线体验购买还是线下体验购买，都能够不断地再次购买，这正是新零售想要去达到的商业效果。

图 1—1　新零售情境体验分析

二、5G 时代对新零售进化的影响

（一）5G 时代对新零售变化的影响

5G 时代的来临，对于商家来说可以更加快速地与消费者连接。2019 年的“双十一”活动在国内刷新了交易纪录。天猫、京东等电商“双十一”成绩单于 11 月 12 日零点公布：天猫交易总额为 2 684 亿元，较上年的 2 135 亿元上涨约 25.7%；京东交易总额为 2 044 亿元，较上年的 1 598 亿元上涨约 27.9%；苏宁全渠道订单量同比增长 76%……我们通过这样的数据可以看到，5G 在国内 50 个城市的覆盖，造就了消费者更加喜欢在线购买物品。5G 所带来的新科技变革，对于整个新零售的演进具有推动作用。我们可以了解到消费者会因为科技进步，更加喜欢应用新零售商业模式，这样的变化与议题值得未来产学合作来做市场调查。

此外，消费者在消费场景体验升级的同时，很难躲避一些无谓的骚扰。比如，2019 年“双十一”就有不少媒体报道，很多没有购买需求的用户不断收到各种商家的广告短信。营销短信的轮番轰炸，其实是在牺牲消费体验，而且它背后往往还隐含着隐私泄露等相当棘手的问题。

可以说，“双十一”是消费需求的集中释放期，也成了消费领域各类问题集中呈现的重要窗口。在不断攀升的交易额面前，不能被数字冲昏头脑，要看到消费市场释放的巨大潜力，同样更应看到，既有的以价取胜的增长路径，其边际效应却在逐渐递减。“双十一”已经到了一个需要转型升级的节点。对于各大电商平台来说，在下沉市场逐渐打通、存量市场逐渐到顶后，仅仅靠一年一度的打折让利，未必能够像以往那样吸引消费者。消费不断升级，消费需求也在不断变化，要做大蛋糕，必须在消费体验上寻找新的增长极，寻找更本质性的突破。5G 技术提升了消费者体验，对于未来消费者在购物过程中的情境模拟，不会因为网络的不稳定导致消费者打消原本想要购买产品的欲望。我们通过图 1—2 可以清楚地了解到 5G 新技术在新零售中的应用，如供货商提供产品快速设计、安全性与隐私性、快速移动支付、大数据分析与应用、渠道整合性、消费者体验与持续性购买、驱动消费者购买意图等。

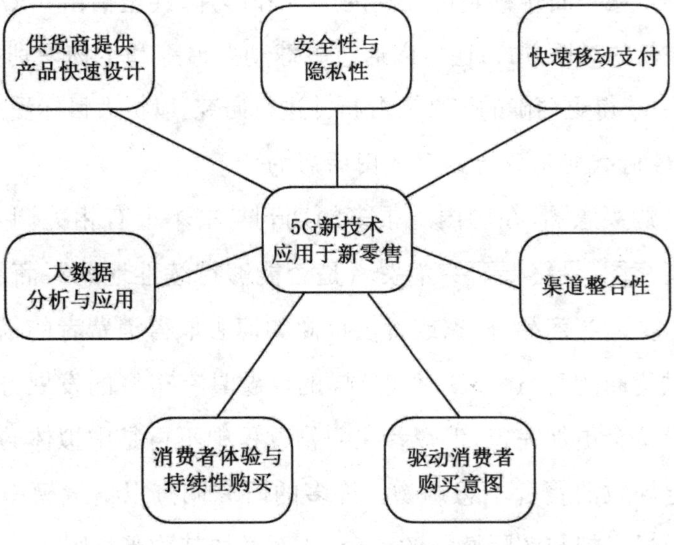

图 1—2　5G 新技术在新零售中的应用

我们常常思考 5G 新技术会怎样影响到后续的消费者购买意图等因素？以上这些因素会直接或间接地影响到后续消费者是否持续性使用相关的计算机设备，包含硬件与软件相关的一些配备。

除了提供消费者体验外，5G 的本质其实是因应物联网（IoT）设备数量和数据量的暴增而开发出来的新时代产物，因此，目前市面上所看到的大部分行业，从健康照护（含医疗）到金融服务，再到零售业等，都受惠于5G技术的发展。

随着2020年的到来，中国早已开始针对五大城市进行商用5G的试验计划，新加坡也借由资讯通信媒体发展管理局及国家研究基金会投入超过4 000万新加坡元，发展新加坡5G创新生态圈，在接下来的一年持续针对5G商业应用进行大量的试验计划。可预期接下来将会有许多全新的应用情境展现在大众面前，而各产业也会出现运用5G技术来发展的智慧城市应用。

根据英特尔（Intel）研究显示，到2028年，沉浸式体验的广告预估将有178亿美元的全球市场。5G能够帮助解放广告与营销产业从业人员的想象力，并将营销及广告从平面转移到可互动的图像和影片，甚至借由VR/AR技术与消费者形成新的对话方式；还可以通过眼球动态追踪和生物识别技术实时衡量广告效果，获得更精确的消费者分析并进行研究，以扩大目标受众。

（二）5G时代对消费者购买意图的影响

消费者购买意图，在国内外很多的期刊与书本上有相关调查。调查消费者的购买意图，最终要研究消费者是否能够持续性地购买商品。尤其是在虚拟平台上购买商品，商家或者供货商如何去取得消费者的信任，这考验商家或者供货商的智慧。5G时代这样的议题具有很好的发展方向，因为以后的网络设备会更加完善，消费者在购物过程中不再是虚拟体验，不再由于网络不稳定导致消费者不想购物。许多的研究调查以情境模拟来探讨，包含消费者通过虚拟与实际情境的整合，从而增加其购买意图。

尽管需要跨渠道转移的能力，但客户仍然希望试用产品，以及体验店内的气氛。虚拟商店的未来角色尚不清楚，并且可能最终会消失，这由产品类别和客户群决定。传统的商店可以将自身定位为“枢纽”，这需要整合所有销售渠道。商店可以为顾客提供个人体验，然而，商店在吸引顾客方面的作用取决于产品特性和客户体验水平，应该满足客户需求。

第二节　移动商务对于新零售未来的发展与应用

一、移动商务加入社群媒体营运模式

移动商务和社群媒体的增长创造了顾客将整个社群“带入”商店的网络。消费者通过平台可以查看产品评分、促销产品或服务，或联系某人（或一个小组）提出问题，但也要有真实分享信息的想法，从社群上消费者的意见、视频和图片来判断消费者的满意程度。此外，消费者期望从实体商店、虚拟网店到其社交网络有直接链接，以便他们可以立即发表评论。这带来了新的挑战，因为零售商对任何个人社群网站都没有直接影响，它不在零售商或产品制造商的品牌控制范围内。但是，伴随着挑战，这方面也有机会，例如聘请客户担任品牌拥护者，让他们参与各种产品设计活动（共同创建）。消费者等于是通过移动设备来传递其品牌价值，这样的口碑传播对于未来的新零售市场是个关键的成功因素。口碑传播对于供货商来说有加分的作用，这样通过移动设备的快速传播，消费者可以在线快速反应与传达信息，很快产品得到不断扩散。

二、实体商店结合在线扫码活动

现在许多实体商店也会在消费者的购物过程中加入扫码活动，给予消费者一些优惠或者加入群组讨论，这样的方式很快可以建立起新零售的商业模式。许多消费者喜欢带着手机到实体商店逛街并且在线比价，主要是信息越来越公开化，实体商店需要去结合在线的一些活动，与消费者一起来参与商店的推广活动。这样的变化与 20 世纪实体商店状况不同，当时的消费者因为网络没有出现，信息也不发达，只能通过对商品的印象来决定是否购买。但是 21 世纪的今日，消费者人手一个手机，只要上网就可以查找相关的产品信息，包括产品的价格、功能、产地等，因此，商店为何开始加入虚拟的在线“战局”，也正是有这样的原因。

三、移动商务点击购买的概念

移动商务主要提到了消费者在线购买的概念，消费者在点击消费的过程中，更加看重个人的隐私权与安全性。在一系列的购买过程中，每一个购物环节都很重要，这样才可以令消费者能够持续地使用平台，并且接受新零售的商业模式。移动商务的概念主要为了说明消费者不管在哪个地方、哪个时间点，都可以通过手机在虚拟商店与实体店面观看产品，运用移动商务的方式来下单与订购，这样很快可以达成移动商务的商业模式。移动商务主要是希望消费者可以通过手机、平板电脑等下单，现在的消费者出门逛街一般会带着轻便的手机来查找相关产品的信息。

在点击购买的过程中，平台主要会以产品的图片、功能说明、样式等来吸引消费者的点击与下单。电子商务平台常常会提到平台流量的概念，怎样去吸引流量变成一个关键因素。可以有很多种方式来推广，包含在百度、雅虎、谷歌等知名平台买关键词，或者是通过不同网站的交换广告、网红直播、抖音小视频等各种方式，吸引消费者来点击。我们通过这些概念，可以很清楚地了解到消费者为何要去点击商品、如何去吸引消费者的目光，这些概念都是值得供货商和平台去注意与研究的。

消费是什么？这样的概念在“双十一”已经体现出来。消费在用户、体验、品类三种概念下可以进行分析与说明。用户的体验除了旧有的消费者群体外，还会针对新的消费者群体来做分析。我们就用 2018 年和 2019 年的天猫与淘宝平台来说，这两个市场新的消费者群体有七成是从线下走向在线。2018 年天猫新品超过 5 000 万件，可以看出消费者体验在不断升级。2019 年的“双十一”天猫店为消费者提供了 1 000 万款折扣商品，品牌店还为消费者带来了 100 万款产品首次在平台上销售。这些数据说明商品多样化可以吸引消费者的目光。

我们通过图 1—3 可以了解到，移动商务平台投放多样化商品的主要目的是吸引流量，最终目的是转化点击购买率，这样一个模式才可以快速增加商品的人气。

图 1—3　移动商务平台转化点击购买率

【本章小结】

1. 通过中国浙江省正在推广的新零售方式和盒马鲜生案例来介绍 5G 时代、移动商务、大数据等相关概念，并对新零售的历史演进作说明。

2. 消费者会从平台产品的图片效果来看是否对其有吸引力，再做决定是否继续了解并购买。

3. 介绍移动商务点击购买的概念，即如何将消费者的点击率转换成购买率，我们在新零售的商务应用过程中可以去探讨和说明。

4. 消费者如何体验整个“双十一”的购物快乐感？“双十一”已经成为全世界的一大关注点，不仅国内会关注，包括非洲、欧洲、美洲在内的国外市场都在持续关注“双十一”活动。如何让“双十一”成为全世界的活动，是阿里巴巴未来想要做的事情。

【本章重要关键词】

5G 时代　消费者体验　大数据　消费者满意度　移动商务

【本章课后练习】

1. 何谓 4P？何谓“人货场”？

2. 消费者体验如何来操作？如何让消费者在体验过程中感到快乐？

3. 何谓移动商务？

第二章　新零售的起源

❖ 案例导读

河南许昌钧瓷网介绍

河南许昌的钧瓷在国内属于珍贵物品，也属于许昌市的文物特产。习近平主席出访国外，与各国的朋友互赠物品，有时会把钧瓷当作中国的特色产品送给外国的朋友。许昌钧瓷正在推广在线与线下的结合，即线下的观光旅游博物馆、各地的展览会，再加上在线的吸引流量。我们通过许昌的钧瓷网来说明，它是国内最先用新零售的方式来做推广与结合的。这种特殊品，还没人这样应用新零售的方式来销售，钧瓷网打破了传统的方式来做大胆尝试。许多消费者对钧瓷产品或许不是很了解，但是通过这样的网站推广与说明，就会渐渐对国家文物有很深的了解。这样的产品不仅仅是一些文物爱好者的收藏品，也可以是消费者放在家中的艺术品。

新零售的概念除了在线购买外，还可以通过实体店让消费者体验并取货，比如在欧洲有很多的体验店，像星巴克咖啡馆，就为消费者喝咖啡提供了场地，看到哪张桌子、沙发、椅子，消费者可以直接对应扫二维码下单，食物会直接送到消费者面前。许昌的钧瓷网也通过这样的方式与博物馆做结合，游客可以直接到现场体验并用手机扫码下单，或者通过在线的 VR 眼镜来模拟钧瓷的情境奥秘，让消费者可以直接体验与应用。

图 2—1　河南许昌钧瓷网

第一节　新零售的起源与历史发展

一、新零售的起源与发展

新零售又可以称为全渠道(Omni-channel)的崛起，主要是整个电子商务的商业模式也在不断改变，新零售的概念是在线与线下的整合。在欧洲有一项研究，主要针对消费者来做调查，超过 20%的客户在社交媒体上关注品牌，75%的客户在他们进入实体店之前先进行在线研究，56%的客户使用手机进行购物，其他客户则进行“展示厅”活动，即在网上购买之前将商店收藏或将产品放在购物车中。这项研究表明，有 71%的客户希望在线查看店内库存，而 50%的客户希望在网上购买并在实体店取货，但是，只有 1/3 的零售商提供一些基本的全渠道功能(用于销售和营销的集成多渠道方法)，以整合在线和线下渠道来吸引和服务客户。

“新零售”一词由马云在 2016 年的云栖大会上提出，“新零售”之“新”在于顺势而下的“变化”，其背后是整个零售市场在新技术和新概念的冲击下发生新变化。我们通过图 2—2 可以清楚地了解到整体零售业的发展过程与时间，即从实体店面到 21 世纪新零售商业模式的发展。

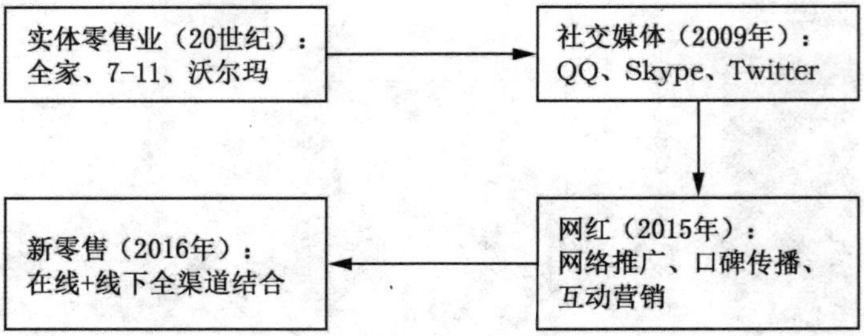

图 2—2　零售业整体发展

二、何谓新零售？

(一)新零售的定义

新零售主要是结合了高科技，包括结合了 AI 人工智能、大数据、社群交互等相关技术。新零售通过信息技术(IT)来导入和解决问题，特别是店内解决方案会影响零售商、产品供货商及其顾客。这包括对业务模型和未来的影响、零售商店在新环境中的作用、在线和线下的实体活动，以及 5G 移动革命带来的变化和社交网络平台的发展(包括网红现场直播)。新零售主要是让供货商更加了解消费者心中最喜爱的产品，通过这样在线与线下的结合，让消费者与供货商之间能够快乐地互动。供货商也打破了传统的推销模式，现在供货商会通过小游戏、照片分享、公司活动等与消费者变成好朋友。

当然，消费者也会因此把供货商当作好朋友，通过在线平台的消费体验，分享与供货商之间互动的点点滴滴，这样的一个过程就是所谓的新零售概念。但是在互动的过程中，供货商也要保护消费者的个性化和隐私，这样双方才可以更加长久地维系关系。线下实体商店的角色变化，需要让实体商店与在线网店做配合，这样一系列的过程都是新零售的重要概念。

全渠道概念被认为是多渠道发展。移动和社交媒体渠道，甚至游戏，被添加到“传统”在线和实体渠道。在同一时间，应该提供一个无缝、统一的客户体验，与使用的渠道无关。这些变化是由新技术驱动的，例如智能移动设备（智能手机和平板电脑）和相关软件（应用程序、移动支付、电子代金券、电子优惠券、数字传单、基于位置的服务）。此外，还提供新的店内技术，如虚拟屏幕和过道、数字标牌、智能自助服务亭、自动售货机、动态菜单和 QR 码，以及客户带到商店的移动设备。

（二）以消费者为尊的时代

我们在经济学或者消费者行为学中了解到，消费者需求对于供货商或者企业来说是一件很重要的事情。我们常常会听到公司的老板在开会的过程中提到，要把客户和消费者当作上帝来对待。为何要这样说呢？主要的原因在于消费者是公司的衣食父母，如果没有好好对待消费者，公司的产品就卖不掉，就会造成整个公司运营的恶性循环。我们可以了解到，消费者的需求点对于任何公司或者供货商来说都是要重视的。消费者越来越难被供货商或者公司满足，主要是信息越来越多元化，消费者可以通过在线咨询，或者在线查找信息来决定是否购买。

2019 年以来，许多外国期刊提到了消费者感知与认知的心理学概念，消费者为何要认同这个商店或者某个商品呢？主要是与消费者的心理认知有关，而这样的关系又要取决于消费者对某个产品的信任。我们通过图 2—3 可以清楚地看出消费者满意度概念，消费者的认知、信任、感知都会影响消费者满意度。

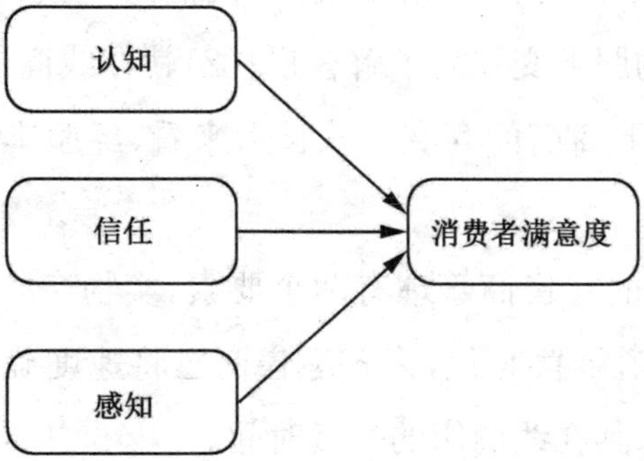

图 2—3　消费者满意度概念

第二节　消费者体验中心与新零售发展

一、以消费者体验为中心的零售形态

体验(experience)对于消费者来说是个关键因素,早期的消费者是在实体商店体验,现在转到虚拟商店来体验。这样的体验关系,对于消费者来说是个重大的变化。实体店面常常会举办一些活动,让消费者能够体验其产品特色和现场气氛。对于消费者来说,只有体验感觉良好和愉悦,才会在实体店面直接下单。我们以 2019 年的“双十一”来说明。淘宝网或者一些平台通过 VR 情境或者一些软件在线帮助消费者量身定做,例如衣服设计、桌子和椅子的摆放,这些都是以消费者为中心的重要概念。“双十一”为了刺激人气,供货商会想尽办法吸引消费者来体验,一般直接下单,而不是让消费者犹豫是否要购买。21 世纪的消费者与 20 世纪的消费者最大的不同是,现在的消费者最看重的是对产品的体验所产生的快乐感,以及在体验的过程中能够对产品产生信任等相关情感。由此可以了解到消费者对产品的重视度与以往不同。相对地,供货商就要随着时代的进步,不断增加新的产品并与消费者做互动。

2019 年的“双十一”,订单数量较高,我们观察到两个主要驱动因素:(1)通过与零售商的服务交互来了解客户;(2)就在线商店而言,现有品牌形象渗透率问题和线下商店的存在。从长远来看,经验丰富的在线商店对客户更有响应能力。

销售实物产品的零售商管理有两个要素:实物产品本身和提供的便利服务交易。在全渠道零售时代,许多零售商已将速度确定为重要的服务质量指标,并且减少了其在线商店的交货时间。

二、4P 对于消费者的新零售商业模式概念分析

（一）产品（Product）

虚拟商品相比实际的店面商品，对于新零售来说是一种新的营运模式。消费者时常通过线下逛街，观察产品是否是其心目中想要的东西。实体商店产品对于消费者来说是看得到和摸得到的，可以直接给消费者建立加速购买产品的决心。我们通过图 2—4 可以了解到，商品的设计与摆放对于吸引消费者的目光来说是个重要的事情。包括商品的广告大小、位置设计、产品分类，都是一门重要的学问。这与实体商店的商品摆放也是相同的观念。哪些产品是主力产品？哪些产品是次要产品？该如何去做摆放与设计？我们通过图 2—4 可以看出，中国台湾地区的 PChome 平台因为“双十一”的关系，提供多样化产品，主要的目的是直接满足消费者的需求。

消费者体验对于电子商务平台来说是个重要的概念与因素，很多商家提供了 3D、VR、网红直播等方式来与消费者互动。

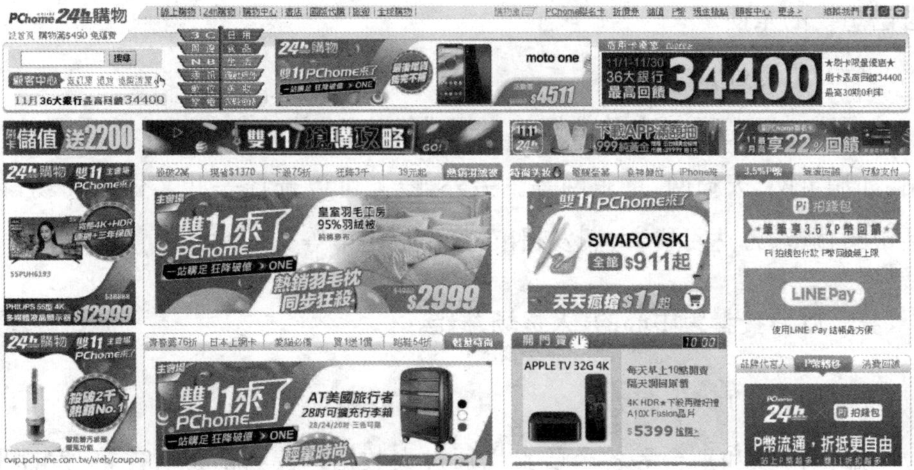

图 2—4　PChome 24h 购物平台网页

(二)价格(Price)

新零售为何会在价格上有优势呢?我们以盒马鲜生为例,它以海鲜产品为主,贴心为消费者服务,消费者可以在购买过程中设定哪个时间点送货到家,这种既便宜又良好的服务,使盒马鲜生受到许多家庭主妇的欢迎。许多人会不经意地询问,盒马鲜生到底是怎样做到在线与线下大结合的呢?说穿了还是价格,价格对于消费者来说是个重要的概念,当然,消费者还看重它所提供的海鲜产品的新鲜度,最后还有线下的物流配送模式,这些关键因素都促使盒马鲜生的新零售模式能够成功。由于通货膨胀的影响,商品价格普遍上涨,消费者在选择货品时会更加注意价格,而在网上买东西成为另外一种选择。

(三)促销(Promotion)

我们通过图 2－4 可以看到 PChome 网站在"双十一"搞的促销活动。促销对于买家与卖家来说已经是个重要的因素与概念。买家希望通过"双十一"活动挑选自己想要的物超所值的产品,而卖家希望通过"双十一"活动带动一年的营业额与人气,这样的一个活动过程对于双方来说都可以得到自己想要的东西。

(四)渠道(Place)

渠道主要是通过产品的摆放来促进销售,在线途径包括一些重要的网站,如淘宝网、天猫网、京东网等。另外,线下可以选择一些实体大商场,包括银泰百货、万达百货、大润发超市、家乐福超市等。

三、以消费者为中心的"人货场"概念

(一)"人货场"的定义

虚拟市场和平台等各个要素均通过大数据构建与消费者连接,发挥平台与消费者之间的互动作用,洞察消费者需求,通过最佳的产业资源分配,基于敏捷感知和生态服务满足和创造新需求。

在原有传统互联网环境下"人货场"定义(外部消费者视角)的基础上,

跨越到生态互联网视角，赋能内部组织、外部协同合作关系，扩大和衍生内涵，重新定义“货”和“场”，驱动产业全链路数字化进程。

平台会把消费者的购买数据传递给商家，建立起一套系统给商家做决策。这样的情境与商业模式的建立，对于买家与卖家来说是一种双赢。

“‘人货场’是零售行业中永恒的概念，不管技术与商业模式如何变革，零售的基本要素离不开‘人货场’三个字。”

根据阿里巴巴 CEO 张勇的观点，围绕着人、货、场中所有商业元素的重构是走向新零售非常重要的标志，而其核心就是商业元素的重构能不能有效、能不能真正带来效率。

人：从原先的单纯消费者，向精准消费者及合作股东的角色转变。

货：从原先的商品提供者，向全方位为消费者需求提供个性化服务转变。

场：从原先的品牌形象店，向更加场景化、更多功能化体验转变。

(二)“人货场”价值重构

畅想未来，消费场景无处不在，定制化生产越发普及，当消费者想要的一切产品都触手可及之时，企业的核心竞争力又是什么？消费者将如何去选择供货商和服务商？答案很可能就是情感的连接部分。除了练就技术与数据营销的扎实功力，企业更重要的是利用内容、娱乐、公益以及互动营销等手段，以人为本，不断触及消费者的内心。消费者会越来越习惯于根据自己的品位、偏好、情感，寻找到气味相投的人和品牌。

除此以外，实体店面也开始采取刷脸支付方式，这样的模式主要是与消费者购买行为结合。这样的高科技体验方式对于实体店面来说是给消费者一种新的支付途径，同时也在改变整个消费者支付模式。

我们通过图 2—5 可以了解到人、货、场在新零售过程中的整合，一来可以增加整体的购物人气，二来可以增加消费者在购物过程中的快乐感。这样一系列的过程中，包括 5G 技术、AR、VR 等工具的应用，使整个新零售的商业模式可以快速成长。

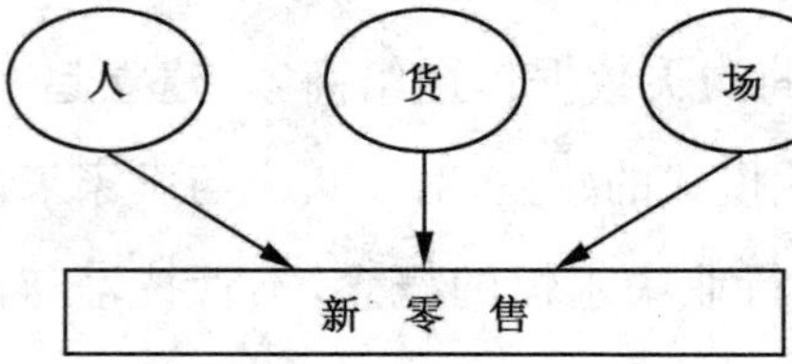

图 2—5 模拟消费者购物场景与增加人气

【本章小结】

1. 介绍新零售发展过程，主要根据马云所提出的新零售概念来说明与分析。通过最新科技的导入，包括 5G 技术概念、在线与线下概念，进一步说明新零售的整体过程。全通路的概念也在此过程中做了说明与分析，主要是把最新的模式应用在整个新零售的发展中。

2. 简述消费者就是上帝的概念，主要是电商平台已经从 10 年前的蓝海世界变成现在的红海市场，导致许多商家在电子商务平台上需要更重视消费者的需求，包含消费者的认知、感知、购物的快乐感等都需要考虑，最终的目的是要让商家找到属于自己的客户群，提供最好的服务和产品给消费者。

3. 4P 的概念在市场营销学中常常被提到，但是很少会应用在新零售中，电子商务在线与线下的大结合主要就是去打破以往传统的商业模式。新零售的商业模式最主要就是把产品、价格、促销、渠道的概念应用在其中，并且做好新零售管理。

4. 在电子商务新零售的概念中需要去强调消费者回购，即为何消费者要不断买此商品？如何取得消费者的信任与认同就变得很重要了。消费者有时候喜欢互动与交流，所以商家提供了网红直播的方式。

【本章重要关键词】

4P　感知　认知　网红直播

【本章课后练习】

1. 何谓5G技术？

2. 消费者观点中的“人货场”概念如何来操作？

3. 大数据如何支持卖家做消费者购买行为分析？如何帮助卖家做决策？

第三章　新零售时代的机会与挑战

❖ 案例导读

阿里巴巴建立新零售商业模式

21世纪的今日，环境的变化让企业难以适应，企业要不断面对各种状况，尤其是网络商家。商业模式不断变化，导致商家要不断设计并创新属于自己的商业模式来获利。

阿里巴巴创办人马云曾在演讲中提出："纯电商的时代将过去，无论是纯电商还是传统实体零售业，两者都必须朝向O2O(online to offline)发展。"拥有中国台湾电商教父之称的何英圻也曾于2015年Meet Taipei的NEXT创新趋势论坛中提出："当虚拟的电商和实体的零售找到中间的媒介，未来10年到20年间，电子商务会退场，'零售业＋'将会成为主流。"

台湾零售产业已经展开第三波革命——零售行动化。若以零食为例，以往的巷口小卖部，因零售业作业流程计算机化改革，进而发展出随处可见的便利商店；后因网络的快速发展，开始有品牌官网；而随着移动网络的进步，也让人们从逗留在PC上慢慢转移到手机上，因此开始提倡品牌需要拥有RWD(Responsive Web Design)官网；到现今品牌的APP也开始在手机上出现。随着时代的变化，零售产业在不断革命。拿Timberland来说，从实体的各大百货直营店、折扣店到Yahoo超级商城开店，甚至已经开始打造真正全通路的零售。假如在实体店是绿卡会员，不管是在购物官网还是APP，同样拥有绿卡的购物优惠；可以在线下单，门市取货；在线拿的优惠券，门市也能使用；官网加入商品至购物车，APP上也能同步；在线和线下的消费金额能够一起累计；能在APP上看到所有消费明细，以及还差多少钱能升级成金卡等。对于消费者来说这些服务真的很友善，最重要的是APP上时不时就会有限定优惠，喜欢该品牌的当然一定会下载。总之，已经开始有品牌真正做到所谓的全通路零售，若在搜索引擎上搜索“新零售”一词，将会看到上千万个项目。

全通路 VS. 多通路

Omni-channel Retail（全通路零售）在美国零售业中已是主流思维，中国台湾大多数零售业者会在PChome商店街、momo购物网、Yahoo超级商城上开店，也拥有自己的品牌官方网站，甚至少数拥有品牌APP，但若只停留在这个阶段，还不能算是全通路，仅能称作Multi-channel Retail（多通路零售）。多通路早已是10多年前的零售思维，早在2004年，全球知名零售业研究机构STORES曾在趋势研究报告中指出：“计算机普及与互联网基础建设日臻成熟，在线零售将成为未来零售业主流，也将使得零售业者纷纷走向虚拟和实体通路交互之多通路零售发展。”

之所以还有零售业者停留在多通路的思维，是因为他们尚未明白全通路零售的真理。多通路之间彼此若有紧密的整合，不管是在信息的传递、会员的数据还是在会员的行为上，彼此并非独立运行，那就是所谓的全通路。简单来说，就是能从C2B(Customer to Business)的角度出发，让会员在不同的通路上皆能享有更完美的购物体验。

第一节　新零售的挑战与未来发展

一、传统零售与新零售的发展状况

传统零售的管理模式下，企业将业务划分为不同的通路进行管理和策略规划，建立相对独立的业务团队，配置相应的营销和供应链资源，并制定各自的绩效指标来考核不同通路的销售团队业绩。有时候在制定业绩考核的同时，主要是先考虑消费者的需求，传统零售缺陷在于推广过程中没有消费者分类概念，通过消费者的需求来预测未来市场，这也是传统零售所缺乏的概念。

传统零售主要把产品推广到消费者，推广的部分主要强调推的概念，而怎样推是个很重要的因素。传统零售通过报纸、电视、广告等方式来传达信息给消费者，有时候在推广的过程中没有办法精准投放给自己想要的客户群。

品牌推广对于新零售概念来说是个重要的因素。消费者为何要购买此产品呢？我们经过研究与调查发现，消费者主要会认产品的品牌。部分品牌企业在推行全渠道通路零售时，并没有突破这一传统的通路管理思维，仍然以消费者作为最终购买和支付节点，将销售收入划归在线或线下通路。传统 KPI 指标的束缚，以及如何制定全通路零售的奖励机制，成为企业实现全通路转型的最大障碍。

而实际上，在新零售模式下，在线和线下的边界已变得非常模糊，消费者随时处于在线和线下场景中。企业需转变观念，着力研究消费者所处的位置以及消费的时间，争取在更多的场景中与消费者进行互动，以覆盖其从需求到购买再到使用或退换的消费全过程，提高流量和转化率。如何将消费者的点击率转换为购买率呢？这对于新零售来说是个重要的概念。在线与线下的大结合，主要是针对消费者的便利性与消费者的消费模式来设计，打破了传统的消费购物模式。

所以，继续将在线和线下分开营运，对如今的消费者而言已无太大意义，整合企业内部按通路划分的管理资源和管理制度变得非常重要。

21 世纪中国最主要的商业创新——“双十一”活动——已经成为全民的活动之一。每年的“双十一”大家都会问你“剁手”了吗？在美国知名杂志 *PM Network* 评选的世界上 50 个最有影响力的项目中，天猫“双十一”与阿波罗登月共同入围前 10。天猫和淘宝除了在国内搞“双十一”活动外，也开始让海外的各个国家参加这项活动，包括美洲和东南亚的国家，不管是买家还是卖家都开始参与。近年来，各个领域的专家开始从不同的角度来解读这一创新的意义，包括在线消费、电商运营、市场营销、社会文化、大众心理……当天猫“双十一”走到第11个年头，我们发现，这个节日的创新意义已经超越了上述种种，“双十一”本身就是一个承载各种商业创新的平台，可以充当我们观赏中国各种新商业形态喷薄而出、蓬勃生长的绝佳场景。“双十一”活动开始从在线走向线下，我们拿杭州的物美超市来说，在“双十一”前一个星期就开始搞推广，消费者可以在店内消费，结合二维码扫码活动，让消费者可以同时参与在线与线下的活动。2016年“双十一”，百雀羚凭借《四美不开心》广告策划开启了国货在年轻人群中的复活；2017年“双十一”，天猫联合品牌推出了60家快闪店，打响了新零售的抢滩战役；2018年“双十一”，李佳琦PK马云卖口红轻松获胜，直播带货从此出圈，成为颠覆传统供应链的新式武器；2019年必然创造新的传奇，如天猫红酒销售第一的那个卖牛肉的兄弟，还有成立不到3年就要冲30亿元销售额的“完美日记”，更有众多WIS这样全新的品牌悄然崛起……揭开这一桩桩爆款事件的表象，借助大数据，我们看到了商业时代的再次演进——天猫“双十一”正在创造新消费，并引发更深层的革命。从以上的例子我们可以很清楚地了解到，每年“双十一”活动都有新的口号与推广方式。

何谓新消费？不是传统消费从线下到在线的简单转移，而是消费在用户、品类、体验三个维度上的全面拓展。新零售的概念渐渐地走向消费者的体验，现在很多手机店给消费者使用与体验产品，包括华为、苹果、三星等，最主要的目的是让消费者感知实物与其心中目标的差距，这样一系列的过程对于消费者来说都是新的里程碑。

用户的扩展创新，不仅指把原有模式不易触达的所有群体都纳入先进的消费网络中来，也包含对原有用户群体消费能级的进一步扩散。过去两年，淘宝、天猫新增用户中有超过七成来自下沉市场，他们在类似春节一样的群体购物狂欢影响下，越来越深地融入了在线消费人群。这个道理就跟一家企业的业务部门高级主管一样，会交代底下的业务人员去了解客户所想要的产品及需求，还要去了解其竞争对手现阶段所做的产品。通过这样的调查才可以知己知彼、百战百胜。在“双十一”的天猫与淘宝原有用户中，更多细分群体逐渐显现。数据显示，2018 年新品用户超过了 7 500 万，新品消费占整体消费的比重高达 35%，成为驱动产品创新的主力。而要应对这两股新势力，商家需要做好两件事情：降低消费门槛和满足个性化升级需求。在这个大逻辑之下，大量新爆品应运而生。比起用户群体的新现象，品类和产品的花式翻新更为凸显。天猫“双十一”的 11 年数据清晰记录了消费品类从基础走向多元的变化，见证了不同消费行业的创新升级。从智慧家电到旅游、医美、健身教练，只有你想不到，没有买不到。天猫“双十一”也已经成为全年最大的新品上市节点，新品牌、新产品加速涌现。2019 年天猫“双十一”，超过 20 万个品牌为消费者提供了超过 1 000 万款折扣商品，品牌商家还带来 100 万款新品在天猫“双十一”首发。借助天猫“双十一”这个聚集庞大消费人群的平台，商家可以大胆尝试新品。直观的变化是，新品研发的时间从 2 年缩短到 6 个月，其背后是整个创新机制的颠覆。

消费体验的创新是近年来科技感十足的话题，除了商家争相通过 3D 和 AR 等技术手段展示商品的虚拟效果外，还出现了直播等颠覆性的模式，不仅一站式完成消费者的围观、咨询、选品、加购等所有步骤，并且根本上改变了供应链逻辑。这个道理就很像我们平常逛商场，看到某家店面很热闹，在搞一些活动，消费者就会有好奇心去现场直接观察。2016 年以来，网红也不断推出新的概念，网红除了有直播主持人外，还增加了一些趣味游戏与网友互动。网红通过自己的个人魅力，拉近了设计师和用户之间的距离，并通过直播间的实时回馈，给制造端更加精准的决策参考，避免了库存的压力和新品失败的风险。这在以往是难以想象的，所谓 C2B 的定制化模式已然成为现实。不难发现，天猫“双十一”创造的新消费也实实在在激发了新供给。它在 24 小时不断创造消费奇迹的同时，也集中展示出了供应端的能量、热情、变革与突破。商家敢于大笔投入进行各种创新尝试，其主要就是通过大数据技术实现对目标用户属性的精准把握,以及柔性化供应链带来的库存和市场压力的消解。同时,一些新品牌也完全可能通过努力钻研性价比,创新营销玩法,并运用高效的供应和服务基础设施,最终实现指数级增长和现象级逆袭。而在新消费、新供给的底层,是由物流、金融科技、云智能等数字商业基础设施搭建的阿里巴巴商业操作系统,它可望为千万商家提供创造奇迹的土壤,进而也推动了全社会向数字经济新价值方向的迈进。如果说新消费的滔天巨浪真的来了,天猫"双十一"不是弄潮儿,而是造风者。我们也洞悉天猫"双十一"背后真正的力量:是技术的力量、中国制造业创新的力量、商家求变的力量,是新消费的力量。

二、满足消费者的需求与互动体验

卖家如何去满足其消费者的需求?从早期的电子商务到新零售、新消费的概念,最终都离不开消费者的需求概念。我们从马斯洛需求层级理论来说,生理、安全、社交、自尊、自我实现五大需求,现在国内消费者已经达到了自尊与自我实现的阶段。为何要这样说明呢?因为从早期的产品单一化到现在的产品多样化,消费者的需求已经变得多样化了,卖家就要思考该如何去达成其主要的消费者需求目标。

新消费的一个重要方面在于消费内容的丰富与创新。2009－2019 年,参与天猫"双十一"的品牌数量从最初的 27 家增加至 20 万家,覆盖的品类也从单一的服饰行业扩展到手机数码、家电、汽车、美妆、食品、母婴、图书等全品类。"双十一"活动,卖家不断提供多样的产品,买家也想要通过体验与活动产生消费的快乐感。

而随着新消费品类不断涌现,一方面,曾经未被满足的细分人群颗粒化需求逐渐被覆盖;另一方面,消费品类的创新改变了人们的生活方式,进而挖掘出许多前所未有的新消费需求。通过受众庞大的在线渠道,广泛人群的新消费需求被满足,创造出新的消费增量。从 2014 年至 2018 年,天猫"双十一"主要类别的成交金额占比发生了重大变化:服饰鞋包一直是大众在线消费中花费最多的类目，但这一类目的占比逐年下降，更多成交金额被分配到了家装家饰、家电、美妆和其他细分品类上。这表明近年来的在线消费增量由更多新品类贡献，也意味着广大消费者更丰富的消费需求被挖掘、被满足。

近年来，通过开创新的产品品类、升级产品系列、引入海外商品等形式，企业发布新品的频率加快，形成了可观的供给增量。以天猫平台为例，2018年天猫新品数量达到5 000万+，这个数字是2016年（400万+）的近13倍。3C数码、美妆、个护、家用电器、服饰等行业的标杆品牌上新周期均日益缩短。我们就以许昌的假发为例，许昌的假发有七成要销售到海外如美国、非洲等地方，然后许多许昌厂商会在海外设仓库，一来可以就近服务当地的消费者，二来可以快速把货品直接在当地以保税方式发货。

我们通过图3—1非洲假发平台可以了解到，阿里巴巴想要把中国国内好的商品推广出口到海外去，在海外设点，包括设立仓库，让非洲当地消费者可以通过在线或线下的方式直接购物。消费者的需求越来越多元化，除了单纯提供商品外，商家还要与消费者建立起良好的伙伴关系，通过与消费者的互动，了解其主要需求和次要需求，时时刻刻关心消费者，这是成功的关键因素之一。非洲市场正在被全世界的电子商务平台看中，整个非洲市场有12亿人口，非洲也正在从追求一般的产品转变成要求优质的产品，这样一个过程对于非洲电子商务市场来说是个很巨大的变化。

图3—1　非洲假发平台

新零售不仅对于国外市场来说是个趋势，对于国内市场同样重要。尤其在中国国内市场，新零售让在线和线下销售的边界变得模糊，这可能对快速消费品的销售方式产生重大影响。我们重点关注新零售商店的快速消费品品类，例如阿里巴巴旗下的盒马超市。目前盒马主要布局在一二线城市，渗透率可以与地区性超市相媲美。新零售业态在未来将变得更加重要，我们会继续关注其发展。

三、消费者在新零售上认可品牌忠诚度

经济增长放缓是如今的热门话题，尽管如此，我们的研究发现，快速消费品消费依然强劲。2018 年，快速消费品消费总额继续反弹，增速达到 5.2%，略高于上一年的 4.7%。《2016 年中国购物者报告》提出的“双速增长”现象依然存在：食品饮料行业、个人护理和家庭护理行业继续以不同的速度扩张，其中个人护理和家庭护理保持领先增速。受益于销量的稳健增长，2018 年包装食品销售额增长 4.7%，而饮料增速停留在 1.5%，这是销量下降和平均售价上涨共同作用的结果。相比之下，2018 年个人护理品类的销售额增长 10.3%，主要归功于高端化的推动，商品平均售价上涨 9.8%；而家庭护理品类的销售额增长 7.2%，较 2014－2017 年 3%－4%的年均增长率有所反弹，销量增长是主要的推动力。

随着整体快速消费品市场的复苏，高端化正在也将继续发挥重要的作用，因为中国消费者对改善健康和生活方式的产品越发青睐。虽然有些品类的渗透率和购物频率可能已经触顶，但平均售价似乎仍有充足的上涨空间。过去两年的消费者行为数据显示，品牌仍然可以鼓励人们进行消费升级。这一点在个人护理品类中体现尤为明显，比如护肤品销售额迅速增长 13.7%，其中平均售价上涨 7.7%。高端化也助推了护发素等销量下降品类的销售额增长。2018 年护发素销量下降 0.8%，尽管如此，销售额却还是增长 7.3%。是什么推动了销售额增长？我们发现，平均售价上涨 8.1%是推动销售额增长的主要原因。洗发水销量仅增长 1%，但价格上涨 5%；欧莱

雅和潘婷的平均售价分别增长 6%和 4%。

无论品类销量是增长、持平或是下滑，高端化都可以成为品类增长的助推器。例如，碳酸饮料是一个销量增长停滞的品类，但其高端饮料销量却呈现健康增长态势。与之相反的是，护肤品和彩妆销量不断上升，通过深入研究购物者行为，我们发现，不仅是超高端、高端护肤品和彩妆越来越受欢迎，大众产品现在也卖得很好。这说明企业可以建立不同品牌组合，吸引不同护肤品和彩妆消费人群。当然，每个品类情况不一。以婴儿配方奶粉品类为例，有证据显示，消费者明显偏爱高端和超高端品牌，较少购买大众品牌。

在家庭护理领域，销售额的增长主要来自销量增长，而不是价格上涨。在食品领域，营养品等被认为对健康有益的品类引领了增长，而口香糖等冲动消费型品类则有所下降。总体而言，2018 年食品品类的销售额增长 4.7%，略高于 2017 年 3.4%的增速；饮料品类的销售额仅增长 1.5%，低于 2017 年 2.8%的增速。饮料品类销售额的增长完全是因为平均售价上涨 1.8%。但在饮料品类中，瓶装水的情况却有所不同。瓶装水的市场规模之所以扩大，主要是因为批量购买和大包装的销量增长，而不是价格的上涨。瓶装水领先品牌农夫山泉的销量增长 20%，但平均售价却下降 2%。第二大品牌怡宝的销量增长 17%，而价格却下降 3%。酸奶销售额连续多年稳步增长，但增速却降至 1.6%，主要原因是销量增长停滞。比如酸奶领先品牌光明，2018 年的销量就下降了 17%之多。

新零售业态的加速发展为零售商带来了新机遇，使他们能够从现在针对大众市场线下销售为主的模式，转向未来无缝化、多渠道的购物方式。实体店依然充满希望，但线下零售商必须不断进化以适应这种新环境。具体来说，线下零售商需要：(1)重新设计新零售业态下的门店组合；(2)利用 AR/VR 等新技术，让门店体验更有吸引力；(3)开展数字化运营，为消费者提供在线与线下无缝衔接的购物体验，并开始将消费者数据变现，更好地与品牌合作。何谓品牌忠诚度？我们在营销学的定义中提到了消费者以回购或其他方式继续使用或支持某个品牌的产品或服务的积极行为，甚至以口耳相传的方式向别人宣传这个品牌。传统电子商务平台上的产品让消费者摸不到，消费者只能通过图片来选择与购买；但是在新零售方面，消费者可以通过在实体商店的观看与触摸，结合线下的二维码扫码，快速认可其品牌。如饮料大品牌娃哈哈、可口可乐公司所生产的产品系列，消费者对于大品牌的认同感使其在购买过程中会以品牌的印象来优先选择产品。实体商品也从线下走向在线，最终的目的是要让消费者除了在实体商店可以看到商品外，也可以在线直接购买自己想要的产品，这样对于供货商与消费者来说属于共赢的局面。

自 2017 年以来，可以看到中国购物者线下转在线的行为。但事实是，线下与在线的界限变得日益模糊。互联网购物时代，在线不再意味着纯粹电商，如今已经出现 O2O 平台。阿里巴巴等传统在线平台正在购入线下渠道，而沃尔玛和大润发等传统实体零售商则拥抱电商渠道。我们的报告一直持续追踪这一趋势的多种形式体现，包括：

(1)线下零售商利用电商和 O2O 平台提供线下网点 3 公里以内配送服务。

(2)线下零售升级，包括阿里巴巴零售通(LST)和京东新通路(XTL)。

(3)新零售业态通过构建零售生态系统，实现在线与线下购物体验无缝整合。主要参与者包括盒马、家乐福 Le Marche 和永辉超级物种，这类超市都支持消费者通过 APP 订购、到店内购物，以及现场用餐或者送餐到家。新零售门店投入大量空间用于店内用餐和前置仓。现在新零售业态仅局限于一二线城市，并且仍处于发展的早期阶段，其渗透率为 5%，购物频率低于传统实体渠道。然而，这些迎合年轻和高收入购物者的新零售门店具有一些优势，如平均售价高，食品、饮料以及进口产品组合的销售已具规模。由于纯电商渠道渗透率增长，我们认为机会正在转向线下渠道。实体店将承担新的角色，包括承接新零售业态的多种使命。脱颖而出的将是那些能够最好地满足新的、不断变化的中国消费者需求的线下业态，例如，提供快速配送或者投资生鲜产品，还有吸引消费者的即食餐饮，实现差异化。

第二节　新零售品牌厂商如何服务消费者

一、新零售下的品牌定位

(一)品牌商、供货商如何精准快速提供给消费者产品和服务

2019年的“双十一”活动,许多品牌商、供货商积极备战,该如何精准提供给消费者产品和服务,这就显得很关键。现在品牌商与以往最大的不同是,以前要用库存的概念来因应消费者,现在有了大数据分析消费者购买行为后,可以更加精准地算出需要多少商品与服务提供给自己的消费者。

品牌企业推行全通路策略,要改变传统管理思维,将企业资源按照消费者的需求进行重组和布局,由“以库存为中心”改为“以消费者为中心”。

全通路零售的关键是建立品牌企业与消费者之间的直接连接,以消费者的需求决定企业经营决策。如果将全通路零售狭隘地定位于“拓展销售通路,降低库存压力”的手段,将难以实现盈利和可持续发展。

因此,在新零售时代,品牌企业的供应链策略首先应支持企业“连接消费者、服务消费者”的业务策略。这意味着要在供应链组织中构建直接服务消费者的能力,通过营运能力和服务水平,与对手展开竞争。

其次,零售市场的快速变化要求供应链必须是灵活、弹性和高响应的。企业应能够实现在产品设计、品类组合、采购生产、库存布局、跨通路服务等方面的快速调整,以响应市场和消费者需求。

供应链策略仍应以支持企业盈利为导向,设计与业务策略一致的价值链和供应链网络,最大化供应链的投资回报。比如合理地使用外包服务商,聚焦高需求、高效益、低成本的服务,统筹配置自有资产和第三方资产,充分利用并融入新零售的社会生态。

最后,投资供应链实施全通路变革,应超越通路层次,从企业整体角度

衡量供应链投资的回报和效益，从而保证全通路转型投资得到批准，并快速见效，形成良性循环。

为应对需求剧烈波动的影响，品牌企业应继续重视供应链计划，并着重于提升供应链的快速响应能力。精准的预测、有效的跨部门协同合作计划以及灵活弹性的供应链，可以帮助企业应对由市场波动带来的变化。

在新零售时代，计划仍是驱动供应链运转的核心，但要求更高，企业除了需要在时间、地理、通路等多维度进行预测和计划外，还需响应跨通路销售的需求。

首先是准确率问题。随着技术的日益成熟，以大数据、机器学习和人工智能为代表的新一代数据处理和应用工具都有助于提高预测准确性。其次是领先企业通过打通与上下游的系统连接，为计划人员提供实时的供应链数据（包括消费者、流量、订单、库存，甚至竞品资料），销售和市场透明度的上升将极大提高预测和计划的效率。但是，企业在追求预测准确率外，更应追求供应链在市场变化或预测偏差时的快速响应能力构建。这对于企业应对以“双十一”为代表的促销活动至关重要。

（二）电子口碑传播（e-WOM）模式在新零售消费者群体中的推广

电子口碑传播在“双十一”活动中被广泛运用，这种方式可以通过与社群的一些平台，包括脸书（Facebook）、Line、微信（WeChat）、QQ、微博等结合来做在线推广。电子口碑传播最主要是以消费者为中心，通过消费者的口耳相传方式，卖家建立起自己的产品品牌口碑，这对于卖家来说是一种快速的推广方式。传统的零售业主要是用报纸、杂志等广告方式来宣传产品，但是有时候成效不佳，最主要的原因就是报纸、杂志不能很精准地找到自己想要的客户群。现在的社群商务可以成立一个群体，即对于某个产品有兴趣的消费者群体，例如化妆品群体、食品群体，针对不同议题可以快速找到属于自己的消费者群体。再通过这些群体进行电子口碑传播，这对于买家或者卖家都是一个很好的商业模式。品牌效应就是要通过这种口碑传播方式进一步提升卖家产品的品牌价值。这些价值刚开始运作时可能看不出效果，需要时间的积累并与消费者做好朋友，最终达到品牌效应。品牌效应是指品牌在产品上的使用，为品牌的使用者所带来的效益和影响，是品牌使用的作用。品牌是商品经济发展到一定阶段的产物，最初的品牌使用是为了便于识别产品，在近代和现代商品经济高度发达的条件下，品牌得以迅速发展的原因在于，品牌使用给商品的生产者带来了巨大的经济效益和社会效益。

二、打造新零售商业模式品牌

（一）新零售商业模式品牌的目标设计

新零售商业模式品牌打造设计，将是今后电子商务领域中的重要一环。随着商业竞争越来越激烈，在这样快速变化的环境下，新零售的商业模式该如何去打造与应用呢？许多在线与线下的商家忽略了该如何去打造5－10年后的品牌。品牌的打造需要设计与铺陈，需要结合公司的资源来应用与打造，包括未来公司要先以为消费者的需求服务为目标，在打造品牌的过程中以消费者认同感为主，消费者只要认同商家的产品、牌子、功能等，新零售的商业模式就可以不断地建立起来。

（二）新零售更加看重提供服务与建立消费者关系

新零售对于服务消费者会更加看重。新零售的成功与否，关键还是要以消费者为中心，从消费者下单、实体店的购买体验到物流的配送等一连串服务，对于消费者来说是个关键因素。这些商家需要与消费者建立起良好的关系，在新零售上设计一套服务机制。互动性对于整体的交流关系，以及产品的售前、售中、售后服务等过程至关重要，需要好好设计。不同地方的消费者状况和购买习惯都不同，所以在新零售商业模式下，需要针对不同区域的消费者做调查与设计。

（三）提供顾客价值的方式

顾客价值对于新零售的商家来说是个重要的因素之一。任何产品提供给消费者，最终目的就是要让消费者感觉买到产品后，与想象中相比有加分作用,这样一个过程就属于提供顾客价值。近年来,产品生命周期越来越短,早在10年前可能一个产品生命周期有3—5年,到了2020年的今天,产品生命周期只剩下1年。如何提供顾客价值,考验着现在的商家,只有不断地研发创新产品,产品才可能持续性地提供价值。

一般的消费者可以区分为三种类型,分别为产品领先型、成本领导型、品牌偏好型。商家在针对不同的消费族群时,要设计与提供不同类型的服务,最终目的是要让消费者在消费的过程中得到快乐感与价值感。

【本章小结】

1. 根据传统零售与新零售发展状况,探讨两个零售方式的不同。随着2020年的开始,新零售模式下卖家会更加精准定位,为消费者提供更多元的服务,包括在线导入VR 、AR、3D等相关的概念并应用到平台上,最主要的目的在于以大数据的方式分析消费者的购买行为,提供更好的商品和服务给消费者。这是新零售与传统零售方式的差异,包括推广方式和营销方式。

2. 通过建立品牌模式,新零售更快速地融入商业模式。品牌推广方面,打破了传统电子商务用库存货品来备战各种活动的模式,以消费者为中心会更精准地为消费者服务,卖家也就不需要再盲目生产货品。

3. 介绍AI人工智能与大数据的概念,让消费者的购买行为都通过计算机运算来分析,包括不同地区、不同时间段的消费者购买数据,全部由计算机处理与应用,从而快速服务消费者。

4. "双十一"活动,卖方与买方的互动可以应用VR、AR、3D等相关产品,替消费者营造出购物的场景,消费者可以快速选择,增加消费者回购率。另外,也提供了消费者量身定做的服务,在线与线下结合,进一步打造零售新模式。消费者的感知、认知、互动方式,都在此次的新零售商业模式中呈现。

5. 电子口碑传播在电子商务平台上是个很重要的推广过程和方式,这种方式可以快速吸引消费者的注意,也可以让消费者结合在线服务到实体店面来消费购买，成为一种新零售方式。电子口碑传播主要在于成立一个社群，这个社群集合了对于某个商品有相同爱好的消费者和卖家来参与讨论，这样就可以不断通过消费者来传递相关产品信息。

【本章重要关键词】

AR　VR　3D　电子口碑传播　品牌忠诚度　品牌效应

消费者产品与服务　全通路

【本章课后练习】

1. 何谓品牌忠诚度？何谓品牌效应？

2. 电子口碑传播在社群商务中如何操作？如何导入新零售模式？

3. AI 人工智能如何应用在新零售商业模式中？

第四章　新零售市场营销分析概况

❖ 案例导读

新零售行业的多样化

“新零售”概念最早由马云提出。2016 年 11 月，马云在云栖大会上提出了“五新”理论——新零售、新制造、新金融、新技术、新资源。对于新零售，他说：“未来没有电商，只有新零售。”历时两年，新零售已经成为我国零售行业的一股热潮，席卷在线与线下，但对于新零售的准确概念，业界还没有统一认识。有专家学者认为，新零售是“在线＋线下＋物流＋大数据”相结合的一种有别于传统零售的方式。

表 4—1　　不同商业形式新零售方式对比

品牌	盒马鲜生	水果夫妻店
购买商业模式	在线＋线下	在线＋线下
在线下单模式	APP	短信＋微信
配送范围	2 公里内	附近小区
是否收费	免费	免费

从表 4—1 可见，仅仅是生鲜零售，就可以衍生出不同类型的新零售方式，不过，在差异中还是可以找到共同点，正如上文提到的“在线＋线下＋物流”，盒马鲜生也许会有大数据方面的支持，但小成本的夫妻店则会免去这一功能。总体来看，新零售其实没有规定的模式，根据经营行业、品类、模式、成本等，会有对应的解决方式，这就造成了我国新零售行业的形式多样化。

新零售行业在这两年内，可以说是仅次于“共享单车”的最大投资风口，“无人货架”、“无人便利店”、“生鲜电商”等新事物层出不穷，但是大浪淘沙，无人货架和无人便利店已经逐渐被遗忘，如“京东到家Go”、“GOGO小超”等均已退出或倒闭，而生鲜电商如“盒马鲜生”、“每日优鲜”等则站稳脚跟，发展迅速。

整个市场中有越来越多的商家与消费者采用在线下单与线下配送的模式来营运。我们了解到新零售会采用几公里内附近小区配送到家的营销模式，为消费者带来新的购物体验。

第一节　新零售市场分析

一、新零售市场“最后一里路”已经在浙江开展

新零售市场在浙江已经开展出来，浙江盒马鲜生、美团外卖等相关网站开始测试新商业模式，整个浙江省的市场消费者也渐渐接受这样的配送模式。在新零售的商业模式中，最主要的就是让消费者习惯这样的消费模式，消费者不用受到外面的天气影响，可以在家等着配送人员把货物送到自己指定的地址，而不需要到实体商场去消费。“最后一里路”，为消费者提供了更加便捷的服务，拉近了与消费者之间的距离。作为一个电子商务平台，就是要去考虑消费者的想法，新零售的配送方式就是考虑到消费者的便利性。随着现在高科技的发展，消费者可以随时比较哪个厂商或者平台提供的服务更好。因此，商家需要不断了解消费者需求，提供个性化服务，得到消费者的认可和支持。

二、消费者需求考虑与调查

2019年的市场多变化，主要受到国内外因素的影响，包括外部的中美贸易大战以及国内的GDP增速放缓等大环境的变化。因此，整个国内的市场

需求也开始转变。在经济学的概念中提到，市场有了需求，才有生产厂商产生供给。我们从市场消费端的需求来看，这是新零售行业发展的动力，新零售市场将随着消费者需求的变化而调整。消费者的消费需求和偏好变化直接影响新零售行业的发展轨迹，而影响消费者消费需求和偏好变化的主要因素是年龄结构以及受文化教育程度。由于文化观念不同，我国“90 后”、“00 后”成为当前新零售行业的主要消费群体，“80 后”逐渐成为国家经济的主要贡献者，占有较大的比重。我国新零售行业呈现出年轻化的趋势，18—40 岁的消费者占比约为 78.2％。我国年轻一代尤其是 1990 年后出生的消费族群，从小就开始接触手机、计算机等上网工具，相对也容易接受在线购买商品的模式。

新零售作为传统零售的升级，不断改变着消费者的消费习惯，由于其便捷的配送以及优质的服务，消费者将传统的线下购物转移到在线。通过对消费者消费行为的研究，消费主要以食品、服装、家居用品为主，其占比分别达到 31.5％、20.2％和 15.4％。2019 年，淘宝网通过网上直播销售的方式，把消费者引流到平台购买，使消费者逐渐接受在线直播消费过程与购买行为。

研究指出，当人均年可支配收入达到 5 000 美元时，消费者的消费支出将会明显加大，这一收入的消费者在选择商品时更注重质量，对于高质量的商品会增加购买。目前，我国一二线城市人均年可支配收入已经超过 5 000 美元。随着我国经济的发展以及城市化进程的加快，我国三四线城市的居民人均年可支配收入将快速突破 5 000 美元关口，三四线城市将显示出强大的购买能力。

目前，从我国新零售消费者年均消费金额来看，一线城市的消费者显示出了较强的购买能力，年均消费金额在 5 001—8 000 元区间的消费者占到了 39.1％，远高于三线城市的 22.6％。一二线城市的消费者主要集中在 5 001—8 000 元区间。三线城市的消费群体主要分布在 2 000—5 000 元的消费区间，随着三线城市的不断发展，未来购买能力将有望得到快速提升。

三、新零售 B2B、B2C 端市场分析

从行业的投资环境来看，我国新零售仍处于早期阶段，新零售的发展还有很长的路要走。从马云提出“新零售”的概念后，刘强东也对新零售作了解读，提出了“无界零售”，就是将零售的基础设施变得极其可塑化、智能化和协同化。业内对于新零售业态也有更多的探讨，可以看出“新零售”已经不仅仅是一种新的零售模式，它是处于探索且能随时变革的一种零售业态。未来新零售的发展，将随着消费者的需求变化、零售业的环境变化以及技术创新等因素的变化而变革，且其能衍生出各类不同的零售经营模式，更好地为消费者群体服务。

（一）STP 法则

STP 法则是近 60 年来营销领域中不变的经典法则，也是支撑营销策略的主要法宝。我们应用新零售的概念来分析 STP 法则。STP 法则主要是针对消费者的购买行为来区分，这在新零售过程中也是一个重要的概念。很少有教科书会从消费者的角度来思考新零售，我们观察到整个市场已经从早期的厂商大量制造产品的思维，转变成以消费者为中心的市场概念。

1. S(市场区隔)

20 世纪 50 年代，美国营销学家温德尔·史密斯(Wendell Smith)率先提出，整个市场必须随着消费者的需要、行为、习惯等差异，被细分为不同的子市场。我们可以把市场从世界上的亚洲、欧洲、非洲、美洲等细致地区分到不同的国家和地区。在任何企业都会要求业务人员做市场区隔并分析市场概念。

2. T(选择目标市场)

麦卡锡在发表 4P 理论时，一并提到“选择目标市场”做营销的想法。

3. P(定位)

营销顾问公司 Trout & Ries Inc. 创办人艾尔·赖兹(Al Ries)和杰克·屈特(Jack Trout)主张，每个产品和品牌都需要“一句话”来说明与竞争

对手之间的区隔,即"定位"。每个产品都有其自己的定位,我们以电子商务产品来说,有的产品是以高价为主,有的产品是以低价为主,这就要看整体产品的定位。不同的产品有其不同的定位,新零售在结合在线与线下的过程中,需要去找寻自己在消费者心目中的定位。

根据 STP 的流程,在做营销策略时,应该先将市场细分,然后从中挑出目标受众,再想办法在这些目标受众的心中建立地位,创造难以取代的价值。

(二)五力分析

五力分析在新零售厂商中的应用,主要表现为厂商在生产产品过程中,除了观察消费者市场外,还需要考虑整体企业竞争力。五力分析其实是 SWOT 分析(优劣分析法)的延伸,由于 SWOT 分析仅限于现状及对自我本身的描述,尚未清楚目标或是对大环境只是有些粗略的了解,因此这样的分析可能会得出好多种结果却又不知道怎么发挥,造成蜡烛多头烧的情况。2019 年底,马云曾经在新闻中提到了整体的市场状况,他一天中接到了 5 通企业老板的电话,一周内有 10 个朋友卖房筹钱,所以可以看到整体大环境在不断变化,变得竞争更激烈。

另外,其他市面上有很多与营销相关的模块,可能是营销策略规划或是制定目标的方法,但五力分析包含了对产业环境的分析,正好可以帮助企业走出内部,了解大环境的现况。不论是即将进入一个新的产业,还是想重新定位的企业,都可以参考这个模块,以下将一一介绍:

1. 供货商的议价能力(Bargaining Power of Suppliers)

电子商务平台上卖家公司产品的供货商若可以轻易提升商品价格,那该供货商就有较高的议价能力;相反,如果是卖家比供货商更有议价能力,卖家就可以控制其生产成本。

2. 购买者的议价能力(Bargaining Power of Buyers)

企业以获利为目标,但强势的客户代表较高的议价能力,也就是俗话说的杀价能力,有些客户为争取更好的价格会开始比价,造成价格上的竞争,影响企业利润。企业应评估自己的盈亏能力去考虑这个客户适不适合与其做生意,否则为了接单而产生不利的影响,将有一定程度的损失。我们以B2B平台上购买大量产品的客户为例,有时候客户买了大量的商品,相对也就可以要求其降低原来的产品售价。

3. 新进入者的威胁(Threat of New Entrants)

不论是哪个产业,总有潜在竞争者在观察产业行情,并看准时机瓜分现有企业的市场,甚至独吞。企业要随时做好面对多个竞争者的准备,企业若没有在产业中建立地位或独具特色,可能会因为与越来越多同业竞争而花费额外资源、降低利润。

4. 替代品的威胁(Threat of Substitutes)

当某产品或服务甚至企业是可轻易被替代的,客户不一定非你不可,企业相对于客户权力较低,就必须调低价格来留住客户。

随着科技的进步,产品或服务的淘汰越来越快,从传统手机到智能手机的转变就是一个经典的例子。企业应找出与同业的差异,并时时提高警觉,避免削价竞争甚至被市场淘汰的情况发生。

5. 同业厂商的竞争强度(Rivalry among Existing Competitors)

现有产业是以什么样的模式竞争?同业间比的是价格、营销手法还是技术?同业间的竞争越激烈,企业将要花费越多预算来与之抗衡,这势必影响利润。

第二节 顾客关系管理(CRM)

一、CRM 确定主要目标顾客群

很少有企业会质疑 CRM 的重要性,大多数企业面对各具特色、需求迥异的顾客往往不知从何着手。

(一)企业的定位与价值主张(Position and Value Proposition)

任何企业对顾客都有存在的价值,这个价值决定了顾客的期望。对于企业来说,找对这个价值,是吸引顾客的首要任务。

(二)了解顾客的经验(Experience of Customer)

对于企业来说,顾客的使用经验透露出许多珍贵的信息。戴尔计算机(Dell)便是从顾客使用经验中获得启发。《戴尔的秘密》一书中提到,包括像英国石油公司、伊士曼柯达等大企业,在采购大批的计算机之后,往往必须再由资讯工程人员逐一安装特定的工作软件,耗费许多经费及人力。看出了客户在这方面的使用困扰,戴尔在为特定客户组装计算机时,便同时加入他们所需要的软件及适配卡。“有些事对于我们的顾客来说非常昂贵又耗时,对于我们却轻而易举。”戴尔点出为顾客提供附加价值的秘诀。另一方面,顾客的经验也可从顾客生命周期的改变中观察得知,进而促使商家与顾客维持一辈子的关系。

(三)选择最适当的流程(Prefer Process)

为了建立良好的关系,企业必须不停地与顾客互动,如果能引领顾客进入企业交易的最适当的渠道,将省下巨额成本。

(四)归类(Segmentation)

为顾客提供量身定做式的服务,是CRM最极致的目标。这个目标或许很难真正达成,但按顾客不同的特性、需求及使用经验做区隔、归类,提供“最适当”的服务,却是CRM非常基本的一门功课。

以一家移动电话运营商的做法为例,公司特别设定,选择高费率的高用量客户,绝不会遇到因系统拥挤而拨不通的情形;此外,高用量的客户在进入客服中心后,电话会自动转接到一群较有经验的服务人员手中。“这类客户在意的是时间,因此,我们不会让他们浪费太多时间在等待上。”相反,选择较低费率的低用量客户,比较在意的可能就是费用,而非等待的时间。

(五)信息(Information)

了解顾客使用经验,将他们归类,再设计最适当的流程与顾客接触,这些步骤都立足于充分的信息。为了充分搜集与解读信息，科技的运用是现代顾客关系管理中相当重要的一环。

在一家 B2C 企业里，我们需要管理成千上万个会员顾客。管理范畴包含：谁买了什么品项？多少钱？他的会员方案是什么？参与过几次奖励计划？谁是不断与我们互动的忠诚顾客？谁只消费过一次就不活跃了？

CRM 帮我们整理成千上万份会员顾客与企业互动的资料，分析他们的购买习性，进而做出顾客分群。而顾客分群能做什么呢？顾客分群能帮助我们做到个性化营销，让顾客觉得每一样产品或服务都是他们所喜爱的，而且都在最恰当的时机点被送到他们面前！

以交叉销售(Cross-selling)为例，针对 11 月购买针织毛衣的顾客做营销，发送手套及围巾优惠邮件。而向上销售(Up-selling)就是通过提高产品价值，进而提高单价卖给客户。例如，针对一般会员做升级促销，或针对进阶会员做其他服务的促销。

二、提高经营绩效与顾客服务质量

CRM 对于新零售模式店家来说是个关键成功因素，有了长期的客户并建立起双方的伙伴关系，店家的绩效才能不断增长，除了维持旧有的客户外，还可以开发新的客户，这样一个过程使新零售店家可以不断获利。

(一)提升顾客服务质量

顾客对于新零售商业模式来说是上帝，在线与线下如何去提升良好的服务品质，对于新零售店家来说是个很重要的概念。例如，日系的丰田汽车，就是以服务顾客为中心，平时在维修汽车的过程中，丰田以顾客至上为目标。在定期的保养服务中，消费者在旁边的休息室喝咖啡、吃点心、看报纸杂志、玩计算机等，让客户有家的感觉，这对于消费者来说会印象深刻。另外，我们拿物美超市来说，消费者在实体店面逛街，如果看到某个商品非常喜欢，但又觉得很重，也可以在线下单，告知货物运送人员把货品在几点送到指定地点，这样在线与线下的结合模式也打破了传统的商业模式。

(二)新零售商家建立 CRM 系统

对于新零售商家来说,CRM 系统是个很重要的数据库,也是个重要的分析工具,从消费者喜欢买的产品到喜欢逛的商店,都可以通过系统展现。现在有许多商家安装 CRM 系统,针对顾客的地区、年龄、性别、兴趣、爱好等做整体性分析。商家也知道越来越难以满足消费者的需求,需要不断区分消费者族群,商家才能精准地做营销决策。

(三)绩效评估的导入

新零售商业模式刚开始在国内启动 3 年时间,整个商家的绩效需要靠客户不断购买商品,才可以让这个商业模式持续茁壮成长。

三、CRM 系统的设计与建立

对于企业来说,CRM 系统可以帮忙记录不同消费者族群的习性,并且可以选择营销方式与调整商家的货架。不管是供应链端的厂商还是需求端的消费者,都是 CRM 系统重要的组成部分。这套系统包括营销部门、市场部门、生产部门、研发部门、电子商务部门、客户服务部门等。

通过图 4－1 可以看出,整个系统主要在加强厂商与消费者之间的关系。这套系统可以区分为三种模式,包括操作型、分析型和协同型,必须做相应的设计与整合。

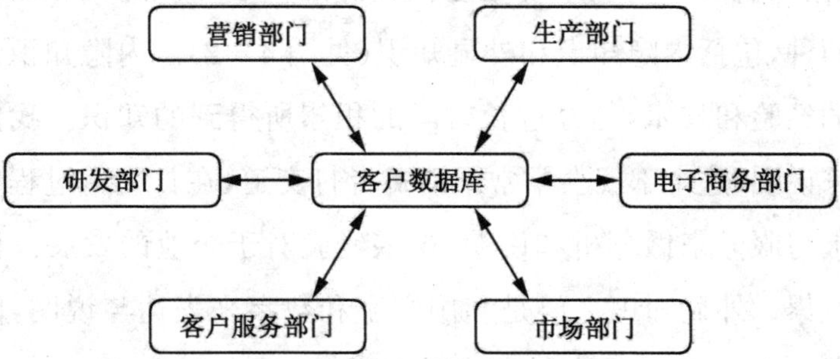

图 4－1 CRM 系统数据库应用

四、数据仓储概念的应用

今日的环境越来越复杂，消费者的购买习惯需要有一套数据库来存放并且不断地分析其购买行为。数据仓储（Data Warehouse）和数据挖掘（Data Mining）都属于CRM系统的一环。两个系统的结合可以帮助企业或者商家在数据库中找到有价值的信息，并且可以让商业智能（Business Intelligence）来决策。企业建立一套整体系统，主要目的在于能够有效管理客户数据，并且结合多维度的在线数据，让主要的市场部或者电子商务部高级主管通过数据分析做最终的决策。

数据挖掘主要应用于商业类与科学类的技术分析。数据挖掘对于整个CRM系统来说是个很重要的概念，企业可以通过这套系统来分析消费者的需求和偏好，并且可以提供精准服务，达到获利的目标。

五、知识管理的应用

知识管理主要是将一些有意义的内容和相关的数据结合成一体，并且为消费者服务。在知识经济时代的今日，主要是通过知识来取代传统的有形产品，这些研发与专利的知识对于企业来说是重要的资源。因此，企业会把知识管理当作企业的核心竞争能力。我们在前面提到了企业的CRM系统，这些数据知识对于企业来说也是很关键的核心知识之一。知识管理又可以分为两种，包括内隐知识和外显知识（见图4－2）。内隐知识包括一些企业员工的经验和技术，是经过长时间的积累所得到的知识。我们以客户关系部门来说明，这个部门会常常跟消费者打交道，在打交道过程中针对消费者的需求与服务来做分析和说明，这些经验对于企业的发展来说是很重要的知识积累。外显知识主要是利用文字和数字来表达与说明，前面所提到的消费者数据分析，就可以转化成对不同客户群体的分析。

	内隐知识	外显知识
内隐知识	共同化	外部化
外显知识	内部化	结合化

图 4-2　知识创造模式(Nonak&Takeuchi,1995)

六、提供顾客价值与产品经验

顾客价值对于新零售来说很重要,通过消费者对于产品的经验感知、体验的过程,如对产品的使用感觉、产品设计观感等,商家可以建立与消费者之间的长期关系。好的商家需要时常关心消费者,针对消费者在购买后的反馈与建议,不断地研发新产品,除了持续维系旧有的客户外,还要去开发新的消费者。

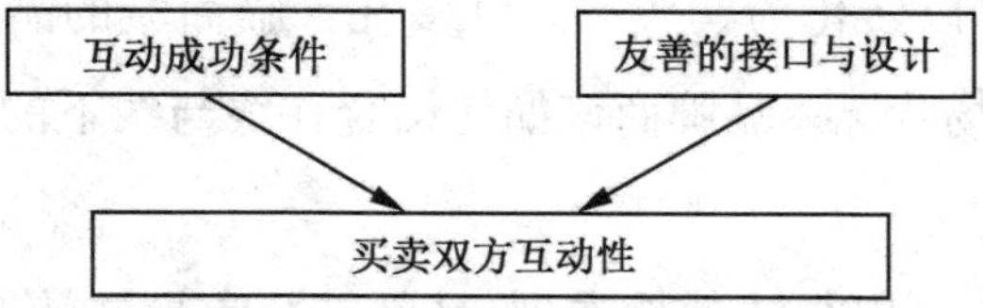

图 4-3　消费者互动接口

七、建立顾客忠诚度

忠诚度对于新零售来说是个很重要的因素。忠诚度就是让消费者出于内心对产品或服务产生热情和良好印象,并对产品与商标有一定的记忆力。顾客忠诚度有两种:一种是行为忠诚度,另一种是态度忠诚度。影响消费者长期忠诚度的因素包括产品的质量、价格、服务等,这些决定消费者是否会持续性购买产品或服务。

通常忠诚的顾客有三个主要行为,包括对产品非常满意、在网络上推荐给朋友、再次购买。这三个因素可以直接看出消费者是否保持忠诚度。从顾客的需求、顾客的满意再到顾客的忠诚,这样的过程对于新零售来说,需要在线与线下的大结合,始终竭诚为消费者服务。顾客忠诚度的建立需要:(1)建立顾客数据库;(2)了解顾客的需求;(3)持续与顾客互动;(4)建立与顾客的长期伙伴关系;(5)利用在线与线下的会员制度,给予消费者折扣。除了以上这些外,客户服务人员要以消费者为中心,包括从售前到售后的服务,这样才能增加顾客黏性,建立长期且深厚的朋友关系。

第三节 结合流量,新零售商业模式成功扩展

一、品牌结合流量,创造价值

电子商务平台常常提到流量的概念,流量对于新零售在线来说是关键点,有了流量就可以转化为购买率。许多在天猫商城的品牌商会以流量指标来看未来的市场状况。品牌商该如何结合在线与线下的消费者来获得整个市场的认可呢?

通过图 4—4 可以很清楚地看到,品牌结合流量并转换成购买率,创造出品牌价值,最终形成新零售商业模式。

图 4—4 新零售商业模式成功架构

二、流量转换成消费者购买力

网络上的流量对于商家来说是很重要的概念，商店的热潮需要消费者不断进来观看与购买，新零售现在就是通过这样的概念来整合在线与线下流量，最终的目的是要转换成购买力。

电商赚钱公式中有以下几个关键名词："营业额"、"业绩"、"流量"、"客单价"、"转换率"。要注意，缺少任何一个因素都将导致公式不成立。这已经相当精简了，就像一张桌子至少要有3根支柱一样，缺少任何一根支柱都将导致无法得出营业额。因此，每一个因素都值得被慎重对待。流量对于商家来说很重要，有了流量才可以想办法转换成消费者的购买力。

三、买方与卖方加强在线互动来增加流量

新零售讲究的是在线与线下的互动关系，要让消费者更加了解该产品的品牌或者特色，需要不断地让买卖双方之间做互动。这个互动不仅仅是单纯地购买产品，还要想办法与消费者交朋友。许多商家会通过小视频或者生活中的点点滴滴来跟消费者互动，有的甚至会建立一个相同爱好的群体，让彼此像家人般相处，这样的互动会增加整个在线平台的流量，并让线下的朋友转为在线的朋友。

【本章小结】

1. 新零售商业模式已经在浙江展开，杭州变成国内新零售代表性的一个新市场。新零售在浙江的卖场包括银泰百货、万达广场、大润发超市、盒马鲜生等商场与购物中心，不断地开展在线与线下的新零售商业模式。新零售的概念由马云提出，他认为10年后电子商务会消灭，取而代之的是新零售概念。

2. STP法则被运用于电子商务平台商家，针对产品的市场区隔、目标市场、定位来设计与说明。尤其在企业的营销推广规划案子上，公司高级

主管在年底的时候会让业务或者营销人员设计一个市场调查，这时候就可以运用STP法则。电子商务通过STP法则打造属于新零售的商业模式。平时大学所教的商业企划书会要求学生把STP法则写出来，最主要的目的是让学生能够了解整个业界企划书的写法。电子商务除了会教学生那些Photoshop、Dreamweaver外，其实最重要的是提高学生的逻辑思考能力与解决问题能力。这些内容对于学生未来的工作发展有很大帮助。

3. 顾客关系管理(CRM)的要素包括企业的定位与价值主张、了解顾客的经验、选择最适当的流程、归类和信息，主要的目的在于提供给商家一套最适合的CRM系统，并且导入新零售商业模式中。许多店家也开始建立CRM系统，最主要的目的是针对不同的客户群体做一个有效的分析，促使消费者持续购物。

4. 新零售绩效评估方式对于新零售的商家来说是个重要的成功因素。怎样让消费者不断购买显得很重要。消费者是否适合用这个系统来购买产品？为何不同的商场都可以导入新零售商业模式呢？

5. 数据挖掘对于企业或者商家来说是个很重要的技术，利用这个技术可以分析消费者需求、定位不同消费者群体，从而有针对性地做最后决策。

【本章重要关键词】

STP法则　五力分析　消费者需求调查　新零售商业模式
顾客关系管理　最适决策　交叉销售　新零售绩效评估方式
数据挖掘　知识管理

【本章课后练习】

1. 何谓顾客关系管理系统？何谓STP法则？

2. 绩效评估的导入对于新零售商业模式来说有何帮助？

3. 如果你是商家，你会怎样建立一套顾客关系管理系统来帮助自己不断地维持与客户的关系并且获利？

4. 如何让商家把在线流量转换成在线消费者购买力？

第五章　消费者再购意图与消费者满意度

❖ 案例导读

联想的营销创新

联想的数字化营销团队正在利用现代营销方法建立可提高客户满意度和忠诚度的一对一关系。每个联想客户和潜在客户都是独一无二的,因此营销团队通过其营销计划获取和分析详细的数据就显得非常重要。在此之前,联想对所有受众采用同一种方式,即开展大众营销活动。而现如今的改变则要感谢 Oracle 营销云,挑战迎合数百万独特消费者的需求,用更有针对性的方法与客户交流,用高度个性化的客户体验取代线性营销活动解决方案。跨渠道营销结果:(1)通过 Notify Me 电子邮件创造的收入是促销消息的 124 倍;(2)通过 Notify Me 活动实现了 65%的打开率;(3)通过 Notify Me 活动实现了 61%的点击率;(4)通过 Oracle 营销云获得更有效的数据,这使联想营销人员能够摒弃传统营销活动,跨渠道精心策划相关交互,从而提供高度个性化的客户体验。相比公司之前采用的以活动为中心的电子邮件营销,这种数据驱动的方法显著提高了打开率和点击率并增加了收入。它的另一个好处是,赢得更多联想客户的满意并收获更多的拥护者。"Oracle 为我们提供了一个能够从多种数据源收集和汇总数据并基于客户行为和偏好发送消息的平台。"联想响应营销总监 Jennifer Downes 说道。现在,联想使用 Oracle 跨渠道营销开展 Notify Me 活动,使客户在"从产品初步宣布到产品发布"的滞后时间内对产品保持兴趣。联想在一个登录页面中捕捉客户兴趣，然后通过相关电子邮件和显示消息进行跟踪。平均每个 Notify Me 电子邮件中的消息所创造的收入是促销电子邮件的 124 倍。"市场上有很多能处理电子邮件的平台，同样也有能发送显示广告的平台，但使用不同的平台很难保证消息和消息接收者的一致性，而使用 Oracle 则让我们拥有了客户的单一视图。"

第一节　消费者满意度与购物体验

一、消费者体验过程

可以真正决定消费者满意度的，并不是产品本身的体验，而是消费者对产品的"预期"与"感知体验"之间的差值。消费者的体验有时候会与自己当初所想的有差距，所以体验商品对于消费者来说是个很重要的概念，那也是为何会有新零售概念出现的原因。

所以，当我们想要提高消费者满意度时，本质上，应该从这两个角度思考：调整消费者预期水平和提升消费者感知体验。本篇教材着重和大家讨论：如何提升消费者的感知体验？在消费者购物的过程中，体验出产品的优点并通过消费者来宣传，这样产品才可以在整个市场上推广。

顾名思义，"感知体验"是指用户在使用产品之后的主观感受。

所以，研究"如何提升消费者的感知体验"，往往就意味着需要找出影响消费者主观感受的因素。消费者通过一些公众号平台去传播某个产品的优点，这样对于新零售来说可以更快速地让整个商业模式成功。

可以回忆一下，在日常生活中，有哪些因素在影响着我们对于产品的主观感受？比如，当你走进一家刚开张的饭店用餐，正在犹豫店内饭菜是否卫生的时候，突然看到了店内透明的厨房以及内部一目了然的制作流程，于是你的顾虑很快被打消了。所以了解如何取得消费者的信任，对于消费者满意度来说是个很重要的因素。通常企业会做市场问卷调查，主要的目的就是了解整个市场满意度状况。市场满意度调查对于商家来说就是要明确自己的市场定位和未来发展方向，这是新零售重要的一环。

图 5—1　消费者持续性购买状态

二、VR 体验购物增加消费者购买意愿

虚拟现实（Virtual Reality，VR）是利用计算机仿真三维空间的世界，让消费者产生身临其境的感觉。2015 年迪士尼在宣传电影《星球大战：原力觉醒》时，为了带给全球粉丝全新的感官刺激，推出星球大战 VR 预告片，还设计了剧中角色凯罗·忍（Kylo Ren）、机器人 R2-D2 和 BB-8，以及帝国风暴兵头盔四款 Google Cardboard，限量 20 万份。粉丝们只要用手机下载《星球大战》官方网站 APP，就可以通过 Cardboard 体验片中紧张刺激的虚拟现实，并感受品牌的价值，从而产生购买商品的意愿。因为效果卓著，现在有越来越多的公司利用 VR 来推广手中的商品，让 VR 俨然成为崭新的销售利器。

VR 体验也可以应用在旅游服务（例如万豪酒店，让房客用 VR 设备就可以在客房内环游世界）、时尚精品（例如法国 Dior 的 Dior Eyes，让客户可以用 VR 去看时装秀）、餐饮消费（例如麦当劳的 Happy Goggles，让消费者用完套餐后可以将餐盒折成 VR 镜片，体验滑雪主题的游戏）、汽车试驾（例如 Volvo，让驾驶员用 Google Cardboard 试驾新车 XC90）、卖场促销（例如韩国 The North Face 服饰，让顾客在卖场内用 VR 感受搭乘雪橇的驰骋快感来促销羽绒服）、食品推广（例如 Oreo，用 VR 体验广告带领消费者进入童话般的新饼干制作过程）、媒体发行（例如《纽约时报》，让订户用 Google Cardboard 观赏其发行的一部名为 *The Displaced* 的纪录片，身临其境地感受战争中儿童的流离失所），以及教育训练（例如韩国三星，用其 Gear VR 设备模拟高空及公开演讲情境，训练有恐高症及舞台恐惧症的人）等领域。2016 年 11 月全球最大的销售活动——阿里巴巴“双十一”购物节——也采用 VR 技术，成功创造了当年新的销售纪录。

2016 年 4 月阿里巴巴展示 VR 购物“Buy＋”功能，取其谐音“败家”，宣称可以百分之百还原购物场景，让消费者购物 High 翻天。

只要戴上 VR 眼镜，用户在家里就可以体验在世界各地的百货公司浏览商品。用户可以用视线及手势，与 VR 3D 动作捕捉系统产生互动，把喜欢的商品抓到手里，通过听觉及触觉（利用手上装置的振动频率，让消费者产生触摸物体的感觉）的仿真技术，感受商品的结构与质量，然后下单及付款。所以 VR 就像是任意门，让用户安坐家中就可以买遍全世界，开启了所有人的购买欲望。

将 VR 应用在购物网中最大的挑战，就是将商品 1∶1 地真实呈现在虚拟环境里。为此阿里启动了“造物神”计划，利用 TPMS 3D 建模技术，联合数百万商家建立世界上最大的 3D 商品库，加速实现虚拟世界的购物体验。目前阿里的工程师们已经完成了数百件精密的商品模型，接下来将要开发标准化的工具，达到快速量化的 3D 建模，让有兴趣的商家可以很快为用户提供 VR 购物体验。

在展示了“Buy＋”虚拟现实的购物技术后，2016 年阿里巴巴“双十一”购物节首度采用“Buy＋”，让买家身临其境地在卖场购物，买家用 1 元人民币购买 VR 眼镜后，即可配合智能型手机使用。在阿里巴巴的影片里，买家前一秒人还在杭州，戴上 VR 眼镜后就立即飞到了纽约时代广场，进入美国最大的梅西百货享受购物的乐趣。逛完了纽约，还可以转到日本，在虚拟环境中搭乘地铁，浏览东京的台场、彩虹桥以及摩天轮。天猫商城还推出 AR 扩增实境游戏，让买家用智能型手机在商城页面内找寻各个品牌的狂欢猫，完成操作就可以领取奖励，借此吸引更多买家上线购物。

加入"Buy+"频道的商家除了美国的梅西百货外，还有 Target、Costco 以及 P&G；日本地区则有松本清药妆以及秋叶原动漫店；澳洲方面有 Chemist Warehouse 连锁药房与健康食品集团 Freedom Foods。此外，总计有 200 多个国家及地区参与了此次阿里巴巴"双十一"购物节。支持 VR 购物后，2016 年"双十一"购物节一天的营业额就达到了 1 207 亿元人民币，较 2015 年的 912 亿元增长了 32%，更是 2009 年第一次举办时营业额 5 000 万元人民币的 2 413 倍。

VR 不但能让消费者体验在卖场购物，如果想买衣服时还能提供虚拟试穿。消费者只需要面对着计算机屏幕上的镜头，计算机就会捕捉消费者的身形反映在屏幕上，而旁边就是想要购买的衣服。通过手势抓取、穿衣及放回的动作，消费者就好像在试衣间里试穿，然后将选好的衣物加入购物车，随后点击付款即可。

如果在购买过程中需要协助，VR 系统还可以搭配 AI 人工智能，提供有用的信息及意见。意大利的 inVRsion 公司有一款 VR 购物系统，名为 ShelfZone，具有 AI 辅助装置。家庭主妇使用 VR 眼镜，手持 VR 握杆，就能在虚拟的超级市场中采购日常生活用品。过程中使用者以谈话方式告诉 AI 所需要的日用品，AI 就会迅速找到商品并且标示价格，也可以按个别要求，列出食品的成分，并且提供折扣以及优惠的建议。甚至还提供用户亲友的使用推荐，以及安排宅配的送达时间，让主妇在家采购也享有私人的助理协助。

VR 看似前景无限，但竞争也越来越白热化。阿里巴巴移动平台资深总监庄卓然表示："VR 的门槛是用户数量和用户体验的平衡。如果用户量不够大，平台意义不大；而体验不好，同样没有意义。"

VR 购物的付款功能不流畅，就是种不好的体验。2016 年 5 月，eBay 与澳洲零售商 Myer 合作推出 VR 百货商场，免费赠送 2 万个 Google Cardboard 提供给消费者使用。消费者下载 eBay 的 VR 百货 APP 后进入采购，通过 eBay 视觉搜寻系统，只需要凝视产品几秒钟，就可以把产品放进购物车里，但必须要摘下 Cardboard，返回 eBay APP 后才能付款，并没有将虚拟购物与付款的流程作连贯。

2016 年阿里巴巴“双十一”购物节虽然以“Buy＋”成功打响了 VR 购物的名号，掀起了一阵虚拟购物的热潮，但事实上此次“Buy＋”上线的品牌只限于国外商家，与天猫商城数百万的商家相比，在数量上实在是不成比例。网络上也有买家表示，“Buy＋”可供点选的海报画面太小，给用户采购的动线也只能是直线，不能转弯，而且付款方式缺少虚拟收款机的概念，让虚拟购物的流程出现断层。

VR 购物的问题还有 VR 眼镜，便宜的硬件装置如 Google Cardboard，或是淘宝上可以买到的 VR 眼镜，但带来的体验都不够好。而能带来较佳体验的装置，例如 HTC Vive，则是价高量少，还无法普及。如果要达到商品拟真的效果，卖家们还要做商品的 3D 建模，但目前在技术上仍存有许多难关要克服。至于要建立 VR 商品数据库，现阶段也仍缺乏一个简单、有效且低成本的方式。阿里巴巴表示，未来他们会建立标准，并通过软件研发等方式，降低卖家在商品建模方面的成本，目标是要将店家在发展 VR、AR 上所需要做的工作，都变成阿里巴巴平台上可以轻松取用的基础建设。

VR 购物的发展趋势，让实体卖场的功能越来越小。未来国内的黄金地段，大型百货商场林立的现象可能会消失。有人说，VR 购物是以假乱真，内容都是虚拟的，只有交货到手的商品才是真实的，如果再搭配 AR 增强现实技术，则虚拟与真实的分界就更加模糊了。

图 5—2 VR 眼镜展示

第二节 消费者在品牌馆体验

一、品牌馆体验

越来越多的品牌馆旗舰店出现，品牌与商标在消费者的印象中显得尤为重要。品牌是整个产品的重要组成部分，代表消费者对产品的认同。

❖ 案例讨论

苹果店在中国台北信义区开幕

2017 年 7 月，中国台湾第一间苹果直营店 Apple Store 在台北 101 风风火火地开幕后，登门人数已经近 400 万人。现在，第二间直营店终于来了，也是全球第 506 间直营店。

这一间名为“Apple 信义 A13”的直营店，也是台湾第一间独立街边店，依旧坐落在热闹的信义核心商圈，旁边是新光三越 A11 和信义远百 A13，对面是

Neo 19。

信义 A13 是一间完全独立的街边店，与必须得依附其他业者的台北 101 店相比，不仅大大提供了苹果的主控性，也更有宣示意味。如果说第一间店是"试水温"，那第二间就证明了台湾地区果粉的消费力，可以撑起直营店的营运。

苹果官方强调，店内的石材、金属及木头都与 Apple Park 的 Visitor Center 采用一样的材质，与台北 101 店的白色系相比，搭上不少木头设计，色调显得更暖一些。

虽然官方并未公开该店实际面积，但进去后远不止在外部看到的那样，建筑物共有两层楼，两侧楼梯还可通向地下一楼。

苹果在各大直营店都会开设"Today at Apple"，有各种装置使用技巧教学，或是各种级别的实验室课程，包括设计、摄影、视频、音乐、编程、APP 开发等内容。

在信义 A13，课程还会比台北 101 店更加丰富。官方表示，将会有更多大咖艺人、全球著名创作者至此来授课，这也是为什么这次搭配信义 A13 开幕的标语为"台北，创意在此登台"，开幕的前 6 周也设有特别活动，金曲歌手、时尚领域摄影师等亲临现场助阵。

图 5—3　中国台北信义区苹果体验店

如图 5—3 所示，消费者可以在信义 A13 体验各种产品与服务，打破了一般店面只有直接销售产品而没有产品体验的传统。消费者对于品牌的认知，会通过文字、符号、图案和颜色对商标形成一个概念，这也是品牌的魅力。苹果商品通过结合实际的体验馆，并且请相关的老师设计体验活动的课程，这样一系列教学服务打破了传统的营销模式，由此建立起苹果品牌。

图 5—4　苹果标志

二、品牌价值

(一)品牌结合消费者利益

苹果计算机、手机等相关产品的质量获得大多数消费者的认同。消费者对于这个品牌的深刻印象代表着市场上苹果的地位，苹果可以在功能上和情感上与消费者结合，这就是品牌中的消费者利益。

(二)价值

消费者购买商品最主要是看产品的价值，产品的价值主要体现在其功能与价格上。苹果手机为何会比其他品牌手机的价格高呢？主要是产品的价值让消费者认同，包括产品的功能、体验感、易用性等。我们看到苹果在许多大城市设立了体验馆，最主要是让消费者可以直接近距离与产品互动，另外服务人员可以了解消费者的想法，并传递给美国总部，这样在下一代新产品出现时，可以升级改善。

(三)用户

通过苹果实体店面的体验馆，让消费者在现场体验产品和服务，虽然消费者可能不会马上购买，但过阵子或许会回到实体店购买或者虚拟在线购买。这个过程也是新零售商业模式。

(四)文化

苹果传递了美国的产品文化特色，讲究创新、活泼、互动、个性。美国的苹果商品在全球的销售过程中，也把美国的文化推广到全球，得到了大众的认可。

三、品牌效应

(一)品牌扩散效应

消费者不管是在实体店面还是在虚拟商店购买，品牌效应对于消费者的再次购买是个关键因素。品牌的建立对于商家来说是条长远的道路。消费者在购买的过程中很看重牌子，他们会到市场上扩散与宣传，从而发挥品牌效应。如美国的苹果、韩国的三星、中国的华为与小米，这些电子产品品牌已经深入消费者的心中。就以小米来说，只要出了最新款的电子智能手表，小米粉丝就会快速在社群上讨论与分享看法。一方面，品牌的建立需要靠广大消费者群体传达产品理念，然后再去推广给新的客户群体；另一方面，这些消费者只要及时购买或者体验品牌新产品，品牌效应就会更加速地扩大。

(二)消费者对于商标(Logo)的印象

现在环境更加复杂，尤其 2020 年的市场面对着厂商间的竞争压力，商家需要在消费者的心目中建立起 Logo 印象。我们在前面有展示苹果的 Logo 设计，其实每个厂商都有它的 Logo，最主要的是要让自有品牌能够快速地推广给自己的消费者群体。品牌在管理学中属于无形资产，虽然商家在建立的过程中需要花费一些成本，例如品牌设计费用、推广费用，但是只要形成一系列品牌策略，就可以快速在消费者心目中加深品牌印象。随着新零售市场的到来，消费者更加看重整体品牌，利用现代信息技术，消费者只要一上网就可以查出某品牌的口碑如何，或者该品牌在市场上的地位如何。

第三节 无人商店的体验

一、无人商店体验馆

在杭州有了越来越多无人商店体验馆，主打消费者可以在商店自己刷条形码结账。现在浙江省的物美、大润发等超市都开始使用无人商店模式，即不需要服务员来结账收费。消费者只要在购物完之后，对着结账的机器扫条形码，就可以开心地付款把商品带走。这样的新零售模式也是结合在线支付手段，让消费者可以通过手机支付宝或者微信来结账。2020 年的今日，人脸识别结账等高科技方式开始推广，吸引消费者来体验。

中国台湾两大便利超市——7-11 和全家——在同一天发布高科技商店的样貌，都强调是智能型商店，导入了 AI、物联网等技术，提供给消费者更好的服务，引发各界对于门市无店员、自主结账等不同消费体验的热议。

统一超市于 2018 年 1 月 29 日宣布在总部大楼开出无人商店“X-Store”，全程通过人脸辨识进店采买、结账，其中有全球首创的零售服务业的应用模式，如商店架构 OPENPOINT 会员系统新服务流程、脸部生物特征辨识、商品辨识系统、感应式自动化 Open Showcase、iCash、智能语音互动、IoT 系统、人流热点分析、扫描式微波炉、自助结账 POS 系统、电子卷标、迎宾机器人、扫地机器人等技术。无人商店吸引力大，除节省人力成本之外，需要的空间更小，精简的摆设可减少购物压力，也不用担心收到假钞票。

7-11 表示，无人商店的计划，作为零售业的龙头一定要不惜代价努力向前走，总共花费了 4 个多月的时间，整合了 20 家厂商共同开发“X-Store”。“X-Store”以探索、体验、超越三大概念为主，店里有 800－900 种商品，以智慧零售为基础，进入店内前须绑定 OPENPOINT，同时进行脸部特征辨识。

7-11 首家无人商店，为体现未来感，门市打造流线造型，门口的“X”搭配蓝光边框呈现科技感，入口旁设置太空舱是消费者数据输入区，其中安置OPENPOINT机制架构，结合人脸辨识技术。以冰箱为例，为自动感应式冰箱，当有人走近就会自动开启，7-11表示，约能减少五成用电，可达到节能减碳的效果。店内也有不同的海报呈现方式，如小型电子式广告看板，可以播放活动及商品促销信息，减少用纸量。门市商品采用电子卷标，取代传统人工操作，降低错误率，可减少人力。

二、无人商店未来需要提升消费者的体验感

BingoBox于2016年8月已开始24小时无人便利店的试营运，京东电商集团于2018年拟开设100家无人商店，阿里巴巴也在2018年推出第一家无人概念店“淘咖啡”。可见，小、中、大型零售店面都已经踏在消费科技浪潮上，企图带来更便利的购物体验，2018年无人商店模式正式进入大规模消费者体验期。

在技术发展成熟、少子化、人力成本提高等种种因素的推波助澜之下，可预期未来10年无人商店将会快速地发展，届时连锁咖啡厅、便利商店、饮料店都将慢慢转型为无人商店。当“新”科技变成“普”科技、全新体验变成日常生活时，无人商店业者要如何吸引顾客、维持顾客忠诚，将是其持续长期营运的下一个重要议题。

在无人商店发展的初期，从业者首先当然是致力于运用新技术（例如整合人工智能、RFID、智能仓储、生物辨识等），打造令消费者惊艳的全新体验，优化服务流程以提供完整、快速、精准的服务。如果未来有很多无人商店同样也拥有优化的服务流程，那么从业者必须更进一步思考，如何在众多的无人商店中脱颖而出。

从智能型手机或移动商务的发展经验来看，符合消费者需求、贴近消费者个人偏好的体验是吸引消费者目光与形成忠诚的关键。简单来说，就是发展贴近个体需求的服务，营造良好的个性化体验。

过去传统通路相当缺乏消费者个人资料，衍生出各种搜集消费者信息

的方法，例如店员推测与键入消费者数据、以积点方式让会员主动录入、以移动支付方式提取会员数据、结合电子发票 APP 等。搜集会员数据后，结合会员消费记录，分析销售策略的成败。这样的传统方式始终无法涵盖完整的消费购物流程，在分析消费者行为时，仍有很多的问题无法被解答，成为消费者体验的服务缺口。

未来在无人商店的经营模式中，消费者进场时就必须确认身份，无论消费与否，消费者的行动路径，以及人、空间与产品间的互动流程都将完整地被记录，从业者可以分析店内动线的流畅性、产品陈列的方便性、消费者购买的选择关键等。通过高科技搜集与分析数据，企业将更了解消费者的需求与偏好，能提出更符合消费者需求的差异化设计，打造个性化消费体验。

实体商店向无人商店的转变，无论是 AI 派、RFID 派还是自动贩卖机派，都是为消费者创造体验感与成就感，未来的零售趋势将是借由科技打造良好的个性化体验，这也将是无人商店永续经营的关键，个性化并不是一项产品或服务，而是一种服务策略。

无人商店业者未来应系统性搜集与消费者相关的重要信息，分析真实的消费数据，构建定制化消费体验模式，创造品牌服务策略的差异性。当线下的实体店面成功转型为无人商店，在线与线下数据串联将更为容易，新零售业者的全通路智慧销售时代也才真的到来。

【本章小结】

1. 将 VR、AR 的概念导入新零售，介绍新零售的工具和应用。

2. 介绍消费者体验、感知等相关的心理学概念，主要是让商家从消费者的角度来思考，最终的目的是要让消费者持续购买。

3. 模拟情境对消费者购物会产生怎样的影响？消费者在购物的过程中通过情境模拟可以加速购买，这是成功的关键因素之一。

4. 高科技工具导入是否会增加消费者的认同感？为何淘宝、京东、天猫等平台导入了这一系列工具和新零售商业模式呢？

5. 许多消费者会通过实际店面来使用产品，商家可以结合线下体验与在线购买来达到新零售品牌体验的效果。品牌体验对于消费者来说具有品牌效应推广的作用，通过消费者在公共社群上的经验分享，可以更快速地传递给其他新用户。

6. 无人商店属于最新的新零售商店体验方式。通过商店的无人服务概念，思考怎样去吸引与维系消费者，这也是无人商店未来需要做的重要项目。

【本章重要关键词】

消费者感知　消费者满意度　消费者持续性购买

消费者持续性购买意图

【本章课后练习】

1. 何谓模拟情境？何谓 VR、AR 工具和应用？

2. 消费者体验对于新零售商业模式有何作用？

3. 如果你是实体咖啡店商家，你会如何吸引消费者？如何结合在线情境模拟提升消费者购物体验？

4. 如何提高消费者满意度？

第六章　消费者网络支付体验

❖ 案例导读

消费者网络支付的方式

现今消费者的支付方式多样化，信用卡是其中之一，值得关注的是，使用PayPal、Apple Pay等数字钱包的电子商务支付数量增加了数倍。在线零售空间变得越来越拥挤，零售商仍然有足够的空间与最大的品牌竞争，网上购物者想要无缝结账体验，在节省资金方面非常精明，优惠的交易和多元化的支付选项可能会影响电子零售商的营运效益。根据Valassis的最新数据显示，近六成(58%)的购物者认为，较低的价格是他们在非亚马逊(Amazon)零售商网上购物的主要原因。

调查发现，近半数(48%)的受访者在网上购物时，首先考虑特定的品牌，亚马逊(66%)和非亚马逊(59%)购物者中，约有2/3的人更有可能比较价格。随着假日购物季即将来临，购物者使用在线媒体和平面广告，试图找到最有吸引力的优惠和最便利的服务。零售商应优先考虑无缝在线购物体验和有价值的交易渠道，借以吸引新客户。营销人员拥有正确的在线和脱机洞察力，才能影响购物者的购买决策。同时，根据美国银行的最新数据，在支付领域不提供消费者选择的企业可能会失败。只有略多于1/3(37%)的购物者表示，即使商家不提供支付选项，他们仍会付款；近两成的人表示，他们不会购买。

现今的消费者一直在寻找更简单、更快捷和更安全的购物方式，包括店内和网络。领先的支付方式、电子商务和安全解决方案，可以满足客户不断变化的需求，帮助商家提高效率并改善客户体验。中小企业正在提高接受多元化支付的能力,90%的企业接受信用卡(处于历史最高点),不能提供多元化支付的中小企业可能会失去销售机会,甚至导致客户满意度下降。

第一节 电子商务在线与线下支付方式

一、电子商务线下支付方式

电子商务早期有许多线下支付方式,包括传真刷卡、邮政划拨、ATM转账、银行柜台缴纳、货到付款、超市代码缴费。货到付款除了有用现金支付外,还可以用信用卡来刷卡结账消费。

以上这些方式属于早期的消费者缴款方式,现在中国台湾还保有这样一种方式来付款给店家。超市缴费在台湾地区也是一个很流行的方式,消费者在网络上购物,可以拿着条形码或者数据到超市来结账,包括全家便利商店、7-11、OK便利商店都提供超市缴费的方式给消费者使用。

二、电子商务在线支付方式

电子商务在线付款变成现在世界上最流行的方式。包括VISA、银联、Master、JCB等在内的信用卡可以支持消费者在线直接付款。如果人在外国还可以通过PayPal方式来连接付款,付款方式的多元化为消费者提供了便捷。信用卡消费付款即发卡银行给予持卡人一定的信用额度来消费购物,只要消费者到商家刷卡购物,商家就可以向银行请款。

三、刷脸支付

刷脸支付属于最新的一种高科技支付方式。消费者不管是到实体商店消费,还是到虚拟商店购物,都结合手机的方式来刷脸支付。刷脸支付逐渐走进我们的生活。近年来,刷脸支付在各大商店、餐馆逐渐铺开,消费者在购物付款时,不用打开手机二维码,只是看一眼支付设备,就能轻松完成付款。

但消费者和商家在感到新鲜、好奇的同时也发现,这一设备利用率较低,体验也没有二维码支付好,还存在个人信息泄露的风险。刷脸支付究竟存在哪些问题？未来能否普及？

中国的移动支付基础网络是全球最先进的网络之一,而在全国各地推出的仅需人脸辨识即可交易系统,甚至会让 QR Code 显得过时。

顾客只需在配备摄像镜头的销售点系统(POS)前摆好姿势,机器将他们的脸部影像传送至电子支付系统或银行账户后,即完成一笔消费。

澳洲麦考瑞大学(Macquarie University)中国问题研究员倪凌超(Adam Ni)指出:“这有很大的风险……政府可以动用这些数据,例如监控、追踪、控制社会和信息,甚至是预测性警务(Predictive Policing)。”“这肯定是搜集和使用脸部辨识数据备受争议的层面。”

尽管存在数据安全和隐私忧患,刷脸支付依旧出现在繁华大街,消费者似乎毫不担心。

在数百家门市使用刷脸支付机的味多美面包店信息官胡博说:“我甚至不用随身携带手机,我不需要带任何东西就能外出购物。这在移动支付发展初期不可能出现,唯有在脸部辨识技术问世后,我们才得以在无需任何其他设备下完成付款。”

支付宝(Alipay)作为电子商务巨头阿里巴巴集团的金融部门,正在中国带头冲刺且其机器已遍布 100 座城市,未来 3 年更将投入 30 亿元人民币(约 4.2 亿美元)在刷脸支付技术上。

艾媒咨询发布的《2019 年中国刷脸支付技术应用社会价值专题研究报告》显示,2019 年为刷脸支付的“元年”,刷脸支付用户将达到 1.18 亿人,到 2022 年将突破 7.6 亿人,届时将取代扫码支付成为主要支付方式。

艾媒咨询 CEO、首席分析师张毅认为,中国的非现金支付已占比 91%,中国在刷脸支付的技术积累和商业化探索上已处于全球领先地位,因此也更值得获得政策上的鼓励和支持。报告显示,刷脸支付带动了刷脸硬件制造商等一系列新产业、新职业的发展,仅支付宝刷脸领域就直接或间接带动了至少50万人就业。

根据调研机构Juniper Research报告显示,移动支付越来越受欢迎,到了2020年,全球非接触式支付的使用者数量将增长一倍。手机支付的排名中,苹果Apple Pay用户达2.27亿,Google Pay从2018年的3 900万用户将增长到2020年的1亿用户,而Samsung Pay从5 100万用户将增长至1亿用户。

中国人民银行发布的2019年第三季度支付体系运行总体情况显示,移动支付业务量增长相对较快。三季度,银行共处理电子支付业务594.64亿笔,金额612.9万亿元。其中,移动支付业务272.74亿笔,金额86.11万亿元,同比分别增长61.05%和31.52%。三季度,非银行支付机构处理网络支付业务1 911.87亿笔,金额63.99万亿元,同比分别增长37.01%和23.04%。

第二节　网上支付安全性应用

一、第三方支付

整个电子商务的交易,在中国大多使用支付宝,支付宝的角色等于是做中间人公证单位,作为银行、商家与消费者三方之间的中间人。第三方支付(Third-Party Payment)主要是让消费者通过在线的买卖方式来交易商品,一来保障消费者的购物权益,二来保护商家的产品出货给消费者的权益,等于是中间人的角色。例如,我们现在在国内的全家便利商店、京东小店都可以通过支付宝来支付,包括线下的实体店面和在线的商店,消费者都可以使用这个支付系统来支付。第三方支付等于是一个交易机制,消费者在买东西过程中，如果确认商品没有任何错误或者瑕疵，就会把钱给卖家，这对于买方与卖方来说是个良好的机制。第三方支付也是在线与线下大结合的一种交易模式，不单单是在线的电子商务在使用第三方支付，线下的消费者也可以使用。支付宝属于阿里巴巴集团旗下的一个支付系统公司，每个消费者只要绑定了银行卡，就可以使用支付宝系统的功能。消费者在使用过程中，支付宝会在安全性上与银行做联机，包括用 SSL 加密系统服务来保护消费者的用卡交易权益，不让黑客侵入盗取消费者账户并保障资金安全，SSL 加密所使用的是 128 位的网页安全交易机制设定。这样的一套安全交易机制，可以让消费者在网络上更加放心地消费。

图 6—1　阿里巴巴的支付宝

关于全球购物 PayPal 付款接口平台，我们通过图 6—2 可以看到，现在一些电子商务平台在支付上会使用 PayPal 系统。PayPal 对于全世界的消费者购物来说也属于一个第三方支付安全交易平台系统。PayPal 可以绑定 VISA、Master、JCB 等银行信用卡，不管在哪个地方，都可以快速直接交易与消费商品。我们可以了解到，欧美地区的电子商务平台习惯使用 PayPal，它已经成为全球电子商务平台常用的一个支付系统。

二、移动支付系统

刚刚提到了网上支付的第三方支付宝，接下来我们来讨论 QR Code 扫

图 6—2 PayPal 界面付款平台

码支付系统，如微信，消费者可以通过微信扫二维码的方式在实体店面或者虚拟商店付款。图 6—3 是微信支付界面，移动支付主要是结合手机号，必须连接到后台的信任服务，通常这样的交易方式主要是以安全机制为主。微信支付是在微信客户端的支付功能，用户可以通过手机完成快速的支付流程。微信支付以绑定银行卡的快捷支付为基础，向用户提供安全、高效的支付服务。自 2017 年 11 月 23 日起，微信支付服务功能在中国铁路客户服务中心 12306 网站上线运行。移动支付对于消费者来说越来越便利化，国内许多消费者拿着手机去买东西，不管是在外面的实体商店购物，还是在室内在线购物，手机支付印证了马云所提到的概念，即在线与线下结合已经导

图 6—3 微信支付界面

入了我们的生活圈中。纸质现金已经慢慢被电子现金取代，消费者现在只带手机通过第三方支付的支付宝、微信就可以轻松购物。

三、三大系统的支付方式

目前在中国台湾最常见且消费通路也最广泛的莫过于 Apple Pay、Google Pay 及 Samsung Pay，俗称“国际三大 Pay”。虽然说这三种 Pay 的原理很类似，都是通过手机内置的 NFC，绑定银行信用卡进行感应付款，但各有亮点。

Apple Pay 由苹果公司推出，通过 NFC 近场通信技术，将信用卡的数据加密储存于 iPhone 6 以后型号的手机中，当消费者需要进行付款时，只要将手机靠近感应式刷卡机，并用 Touch ID 或 Face ID 进行认证，就会发送 Token 而非卡号到银行端进行认证并付款，借此达到比信用卡更高的安全水平。

Google Pay 旧称 Android Pay，内置于符合规格的 Android 手机中，其运作原理和 Apple Pay 大致相同，唯一有差别的是，Google Pay 为了解决 Android 手机厂商众多、硬件规格不统一的问题，选用了 HCE 云端模拟手机上的 SE 安全控制组件，但仍然应用了 Token 技术来传送刷卡信息。

Samsung Pay 则是由三星推出的移动支付服务，仅应用于 Samsung 自家的装置上，除了能像前两种 Pay 一样通过 NFC 感应付款之外，还加入了 MST 磁条感应技术，模拟旧式刷卡机可以接收磁信号，方便非感应式刷卡机的店家进行收款，可以说是兼容性最高的移动支付方案。

这三大系统有各自的支付方式，可以说是全世界三大主流手机的支付系统方式。这些支付方式还要看当地消费者的支付习惯以及对哪个系统更具信任感。所有支付系统中，消费者看重的是安全性，消费者最怕在支付的过程中发生被盗刷，或者担心信用卡的卡号被泄露，所以不管哪个支付方式，安全性是最重要的概念，没有了安全性，消费者就不敢体验与使用。

【本章小结】

1. 电子商务在线支付与线下支付大结合，消费者可以通过支付宝、微信支付在实体商店、网络商店直接下单购买商品。

2. 国内移动支付系统越来越成熟与发达。消费者可以通过手机与银行卡绑定消费，这样一套系统也解决了长久以来消费者购物只能带现金的状况。

3. PayPal系统被应用在亚马逊平台上，消费者可以通过这套系统在线下单购买国外商品，然后享受线下送货到家的服务。

4. “国际三大Pay”即Apple Pay、Google Pay及Samsung Pay。虽然说这三种Pay的原理很类似，都是通过手机内置的NFC，绑定银行信用卡进行感应付款，但各有亮点。不同的支付系统均主要考虑安全性，没有安全性就没法让消费者安心购物与体验。

【本章重要关键词】

第三方支付　移动支付系统　支付宝　SSL加密　PayPal付款系统　刷脸支付

【本章课后练习】

1. 电子商务在线支付与线下支付怎样改变消费者的购物模式？

2. 国内的移动支付系统在不断进步与改善，你觉得无纸化现金时代是否来临？

3. PayPal系统可以在欧美国家支付，请问你会使用这套系统购物吗？

第七章　社群营销

❖ 案例导读

社群交流平台

Facebook身为全球最多人聚集的社群平台，在中国台湾的每月活跃用户数已有1 900万，相当于80%的台湾地区人口，而据数据显示，这其中有42%的用户会通过Facebook去接触新的品牌、产品或服务。然而，台湾地区中小企业总数超过135万家，身为品牌电商卖家的你，该如何去把握这块市场“大饼”，从红海中脱颖而出呢？在一场社群电商全攻略的讲座中，Facebook大中华区的营销经理Elena和SHOPLINE营销副理Hsing，一同和与会者分享如何通过Facebook来帮助电商营销有新突破，以及电商卖家该如何通过SHOPLINE提供的社群整合工具来提高品牌力、加强顾客黏着度。以下就来回顾当日讲座的精彩内容，一起检视你的社群电商营销策略！

课题：了解顾客类型，对症下药！

一个网购消费者的转换路径可分为5个阶段，分别是看到广告、被吸引而点进网站、浏览商品、加入购物车、购买。而在顾客的转单率高低上，我们又可以区分出以下4种类型的顾客：

(1)果断购买型。顾客从看到广告到真正购买一气呵成，没有犹豫，是大部分卖家最喜欢的顾客类型，因为获得这类顾客的成本往往是最低的。

(2)货比三家型。顾客在将商品加入购物车后，可能因为想查看其他网站有无更优惠的价格,而迟迟没有购买。

(3)理性谨慎型。在购买的过程中有两个不确定的节点:一个是进入网站后,没有加入购物车就离开;另一个是加入购物车,没有完成购买就离开网站。

(4)别人家的客户。他们是其他同类型品牌的忠实顾客,看到你的广告后并不会点击,没有被吸引。虽然如此,但并不代表完全没有机会。

不是每个消费者都是果断购买型,若想要抓住更多的市场机会,就得为各个阶段、各种类型的客户精确打造出相对应的营销策略,Facebook 广告系统便是协助电商卖家去细分受众类型、精准投递广告的最佳伙伴。在操作广告受众的阶段,可将对象分为三大类型去做设定:广泛受众、自定义受众和类似受众。

一是广泛受众。广泛受众是最为基础、最为人所熟知,也是最常被使用的受众类型。可依年龄区间、性别、国家、地区、兴趣去做搭配,描绘出受众轮廓,让系统依据这些设定去比对符合要求的消费者,因此,受众范围较广,适合在创立初期需要接触大量受众、引入大量流量的品牌,或是有全新品项想测试市场的电商卖家。而在这部分,Elena 也特别提醒大家主观性的问题,设想自己的受众兴趣是什么往往带有主观性,这也意味着这样的受众轮廓不一定精准,仍需要多方测试、比较,才能找到真正有转换价值的受众。

二是自定义受众。此受众是已知的,可依据访客行为设定,如将曾点进网站、浏览过商品、加入购物车、收藏过商品但并未完成购买的人作为受众,当然,已完成购买的顾客也能够列入再营销名单,抑或是排除。相较于广泛受众,自定义受众的范围较小,但精准度高;若你的网站已经有一定的访客流量,想促使那些对你的产品有兴趣却未完成购买的顾客回来下单,就很适合使用此类受众工具。而除了依据访客行为来定义之外,也可以自行上传顾客名单或是利用 Facebook Pixel(像素)抓出特定的网站访客来建立受众名单。

三是类似受众。类似受众的基础来自自定义受众(例如自行上传的顾客名单),并利用这群受众种子,抓取出与他们最相似的人。抓取的比例可以从1%到10%，这取决于电商对精准度的要求。若是设定1%，这个受众范围会相当小，但较为精准；反之，设定为10%时，范围较大，但精准度会被稀释。若想进一步扩大市场、复制商业模式，便可考虑采取类似的受众工具。

第一节　社群应用与建立关系

一、社群关系的建立

（一）社群媒体的定义与介绍

社群媒体正兴，人人都在使用。但许多企业主可能对社群营销并不了解，不了解社群营销对于企业来说有什么真正的优势，而只是看到大家都在做，也就跟着做。

对于企业来说，社群营销的确是必需的，但到底什么是社群营销？为什么一定要做社群营销？社群营销能为企业带来什么优势？只有搞懂这些，你才能够开启拟定社群营销策略的第一里路！

“社群”可以是指一群人，也可以是指一群人聚集的地方，并不是单指某一特定渠道。所以Facebook、Twitter、YouTube、Instagram等，这些有人群聚集的平台都称为“社群”。近年来的网红直播包括淘宝直播、抖音等相关小视频，主要都是想通过这些媒体进一步达到与消费者之间的互动。

什么是社群营销？根据维基百科对社群营销的定义：社群媒体营销是个人或群体通过群聚网友的网络服务，来与目标顾客群创造长期沟通渠道的社会化过程。社群网络营销英文翻译是：Social Media Marketing。

社群营销需要通过一个能够产生群聚效应的网络服务媒体来运作或经营。这个网络服务媒体在早期可能是BBS、博客，近期发展为YouTube、Twitter或者是Facebook。

简单来说，社群媒体营销并不是单指在 Facebook 上做营销活动，而是在所有有人群聚集的网络平台、通路上营销，都可以称为“社群营销”。社群营销的定义也不只是导购，很有可能是相关议题探讨，或是利用近期的热门话题延伸。所以，社群营销和内容营销有着不可分割的关系，社群营销是将内容散布出去，用更新鲜、更专业的方式包装内容，将内容营销的效益最大化。

如图 7－1 和图 7－2 所示，一些职业选手包括王建民与林书豪会通过经营社群的方式与球迷互动。这些职业选手不断与球迷交流，球迷也想要看到知名球星最近的表现与动态。这样可以建立起球星的自我品牌，许多职业球队也会通过这个方式来经营与球迷之间的关系。除了个人牌子之外，如图 7—3 所示，中信兄弟职业球队也会把自己的队歌放在 YouTube 平台上，可以近距离与球迷互动。

图 7—1　王建民脸书

图 7—2　林书豪微博

图 7—3　YouTube 上中信兄弟的队歌

如图 7—4 所示，网红直播也是现在卖方商家喜欢用的方式，这种互动可以让消费者感觉在逛百货商场或夜市，从而促成交易。

图 7—4　网红直播卖劳力士手表

（二）社群营销目的与优势

一是信息的曝光。不管是长期信息还是短期优惠消息，都能利用社群渠道发散出去。

二是客户关系管理。当产品出了问题，或者客户有任何疑难杂症，客户第一个想到的就是通过社群媒体反馈。在社群媒体上和客户的互动也是非常重要的，是和客户保持良好关系的途径。

三是口碑营销引导。也可以说是大众议题操作，在社群操作中，用户可能是帮助你进行营销的一员，他们在社群媒体上的评价、留言、反馈，利用社群媒体一传十、十传百，就是口碑营销的一环。

四是建立品牌形象。利用社群媒体发布品牌策略的相关内容，引人入胜，久而久之也就在用户脑海里建立起特定形象。

五是直接导购。在社群媒体上导购必须要有包装形式，才不会因为信息的狂轰滥炸造成用户反感（依照产业类别不同，可能有不同情况）。

六是掌握潜在受众轮廓。这一点是社群营销相对重要的一环，在其他渠道也是。要做营销，首先就必须了解客户到底是谁，他们的年龄、所在地区、兴趣喜好等，才能有办法投放潜在客户有兴趣的内容，使其得到相对效应。

七是引爆集客力。在以“内容为王”的集客式营销中，社群媒体扮演着非常重要的角色，因为好的内容必须要得到足够的曝光，才有办法吸引受众主动进入网站、了解品牌，进而购买。

八是流量导引。流量对于电商或自建网站的企业来说非常重要，足够的流量能够提升 SEO 排名，让更多好的内容被看见，因此在社群中置入网站内容，能够达到流量导引的目标。

社群营销又称社会媒体营销，指企业为了营销的目的，在社群网络服务媒体（包括 Instagram、YouTube、Facebook、Twitter 等）上创造特定的信息或内容来吸引消费大众的注意，引起在线民众的讨论，并鼓励读者通过其个人的社会网络去传播散布这些营销内容，进而提升客户关系与满意度的营销策略。

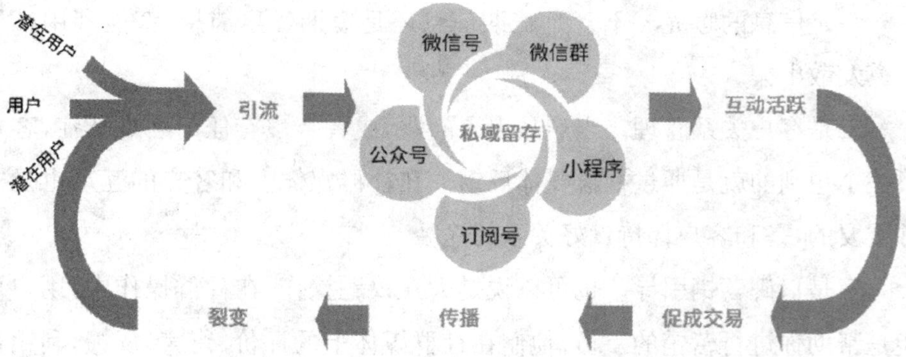

图 7—5 微信社群传播流程

（三）公域社交和私域社交的差异性

公域社交覆盖公域流量，私域社交覆盖私域流量，而所谓公域社交平台的商业化，不管是广告还是分成，本质上都是电视节目的采买，你就是个内容制作方，与社交关系不大，与流量关系很大。

公域社交平台也在试图建立一个私域付费的途径，比如打赏，似乎觉得你看了文章有好处打赏就可以了，但这个逻辑现在还是行不通，打赏的逻辑本质还是内容的采买而非社交，比如你卖力直播，就会有很多打赏。但愿意付费加入会员的人，并不觉得赞赏一下文章足够表达感谢从这篇文章中的收获。所以最终你会发现，打赏高的文章，多半也是表演性质或者销售信息性质，很难从中找到社交的价值。比如罗一笑事件或者股票分析文章的打赏，与写一篇行业分析或者趋势分析是完全不同的量级。但那些打赏内容的人，却未必愿意花 2 000 元加入社群与作者建立一个社交关系。

图 7—6　社交平台途径与类别

旧时代社交的局限主要是流量，那时候流量完全在媒体手中。而网络时代尤其是移动互联网时代的社交产品则解构了媒体的流量能力，也使得传统媒体逐渐衰败。所以之前的时代，人们的重心还是学习、就业乃至结婚，因为这三者的本质都是社交。你上学学了什么内容可能早忘光了，但同学还在，很多时候还能帮上忙；同事乃至前同事，依旧是很多资源；而婚姻带来的两个家族的结合，自古以来就非常重要。但现在这些完全被解构了，至少没有那么重要了。如果你在网络上有几十万甚至几百万粉丝，可能就可以放弃工作，自己靠内容来赚钱了。至于是不是也可以不上学或者不结婚，大家仁者见仁。

其实微信真正厉害的不是关系链，而是占据了你的社交能力，就好像头条占据了大家的阅读时间一样，5 000 个好友已经让我们无力去创造新社交了。所有的私域社交都会落地在微信，所有的公域社交都会落地在微博，新产品抢流量是有可能的，重建社交生态是不可能的。所以想挑战流量的产品，包括头条、抖音、百度 APP 或者快手、映客之类，甚至淘宝直播，其实都可以算是成功的。但想挑战社交关系的，比如子弹短信之类的，最终都会失败。这里需要强调的是钉钉，其实还是工具属性大于社交属性，在后续的传播中也在改变。而脉脉号称职场社交，但其本质还是职场消息内容的贩卖，真在上面交流，还是会问微信号加好友。

其实公域入侵私域是一个趋势，因为我们微信加了很多可能没见过的人，1 亿人的朋友圈设置三天可见甚至很多人关闭朋友圈，本质原因就在于，他们在封闭自己的私域，让公域的社交好友不要过度进入自己的生活。这种做法从隐私角度考虑无可厚非，从职场或者商业角度考虑其实是一种损害，微信创始人张小龙也表示，朋友圈是你的广告平台，你要好好经营。在朋友圈打造人设其实也是一个非常重要的职场技能。

而对于微商来说，他们要做的事情其实就是把公域社交带来的公域流量引入私域社交变成私域流量。很多媒体或者公关其实做的也是一种微商行为，只不过贩卖的是自己的企业品牌和信息。就好像头条的人和腾讯的人公关战，宁可选择在微信朋友圈隔空互喷，也不会选择去抖音录个视频。这其实也是私域内容和社交去影响公域的一个反作用。

微博和微信的公域和私域社交地位不可动摇，如果你想通过社交进行变现，大概的路径是公域流量→公域社交→私域社交→私域流量→变现（销售或服务）。其他就是一些提醒和注意，比如减少公域流量的变现，以免损伤人设和形象之类。还有很多结论不单独说了，大家可以细细体会和讨论。

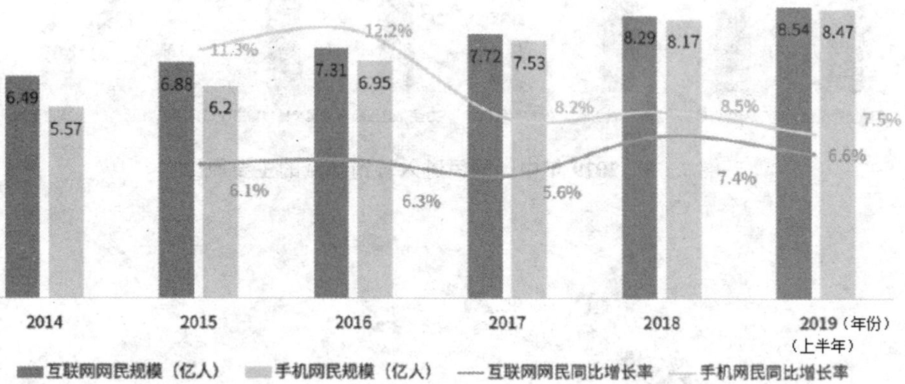

图 7—7　2014 年到 2019 年上半年中国网民规模及同比增速

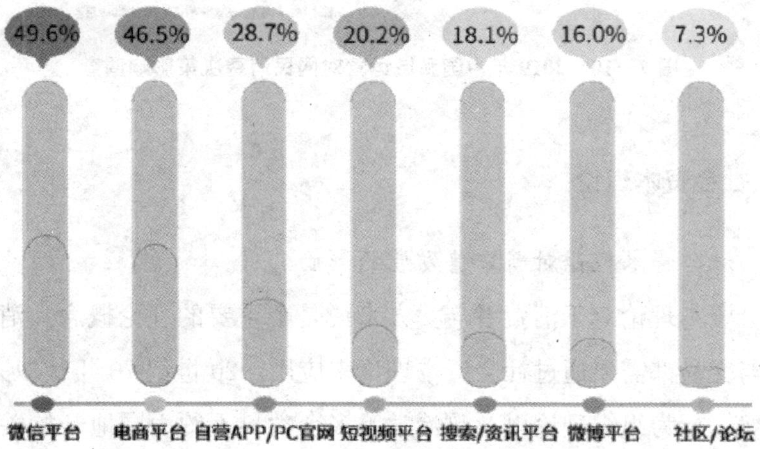

图 7—8　2019 年中国网民获取商品信息线上渠道分布

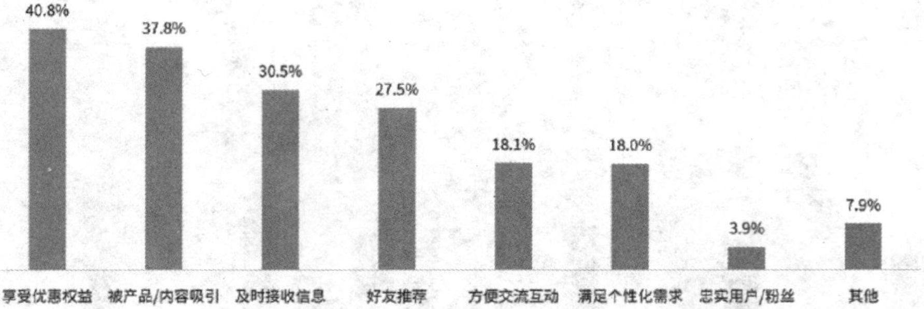

图 7—9　2019 年中国网民进入营销私域的主要原因

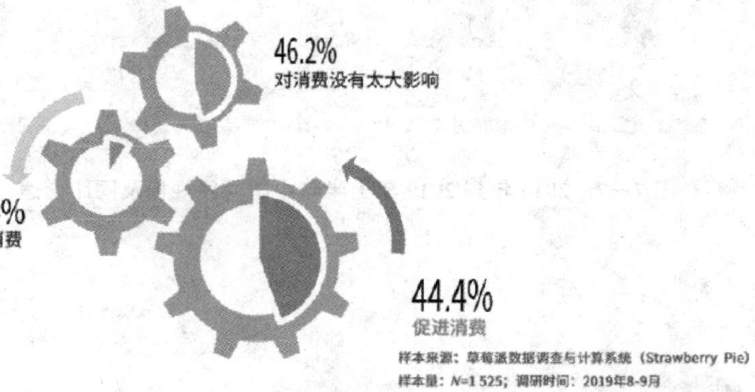

图 7—10　2019 年中国私域运营对网民消费决策影响调查

二、社会资本理论

（一）社会资本理论对新零售发展的影响

社会资本理论对于消费者与卖方来说是个重要的理论概念。消费者在线购物与交易都需要通过社会资本理论来应用。20 世纪 70 年代以来，经济学、社会学、行为组织理论以及政治学等多个学科不约而同地开始关注一个概念，即社会资本(Social Capital)。所谓社会资本，一般是指个人在一种组织结构中，利用自己特殊位置而获取利益的能力。如个人的亲戚、朋友、同学、老乡等关系，一个人能从这些关系中获取的利益越高，那么他的社会资本就越高。

到了 20 世纪 90 年代,社会资本理论逐渐成为学界关注的前沿和焦点问题,社会学、政治学等从学科的角度对社会资本进行了研究,用来解释经济增长和社会发展。社会资本甚至被西方国家的决策圈看成是解决社会矛盾的新思路,即所谓的"第三条道路"。国内学者也对社会资本理论做了深入研究,虽然社会资本理论有强大的解释力,但是也有其局限和困境。

社会资本理论是社会学学科理论和方法趋向的综合反映,也是方法论的实体论向关系论转变的集中体现。社会资本应用在社群网络中,主要是通过人与人之间的网络关系,尤其是在网络发达的今日,人与人之间的连接和交易购物靠的是社群媒体间的传播与口碑传播。通过这样的一连串关系,可以间接地达成社群之间的网络扩散效应。在社会资本理论的交易过程中,买家与卖家可以建立起双方的长期关系。

通过图 7－11 可以看到,社会资本理论主要是在讨论买方与卖方之间的关系,需要买方与卖方建立起长期的信任关系。通过双方在社群上的互动与体验,让消费者产生购物欲望。新零售在线营销的过程中,一些小程序可以用来建立与消费者之间的关系,包括微信社群、脸书社群、微博社群等社群媒体。有些研究显示,消费者主要是靠这些社群媒体的推广、品牌口碑来传播与互动,这样可以建立起买卖双方之间的关系,最终的目的在于让消费者持续关注议题并购买商品。

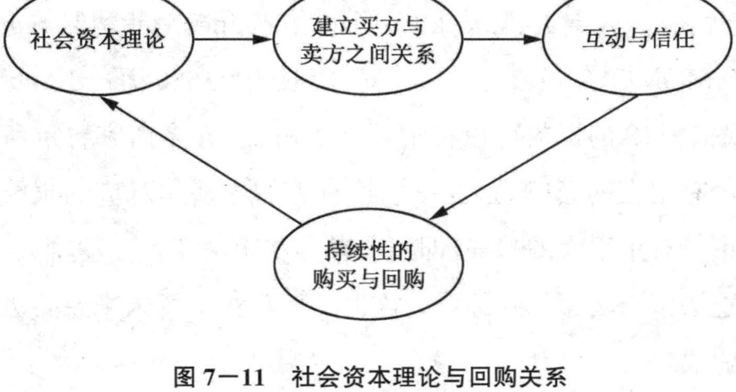

图 7—11　社会资本理论与回购关系

（二）网络营销下的社会资本理论

网络对于现在的消费者来说已经成为生活的一部分，我们不管是在工作还是在消费，都会在网络上看到一堆信息与商品服务。这对于客户端来说是个很重要的接触信息来源的方式。网络营销主要就是通过营销人员的创意、商品以及一连串的服务提供给未来的消费者，借助高科技网络、广告促销、客户服务等相关的活动方式来促成交易。

网络营销在社群平台上可以不断扩散与转发分享，就像许多社群商务平台上的小游戏，结合了现实和虚拟的方式，让整个社群玩家可以一起分享交流。

近几年最红火的另一种网络营销是网红直播。网红经济火爆，在淘宝2018年公布的内容达人收入排行榜中，薇娅以直播形式在过去一年推动销售成交额达7亿元人民币，预估年收入达3 000万元人民币，高居榜首。而榜单上前10名达人多是“85后”、“90后”的年轻女性，平均年龄不到30岁。

根据《天下网商》报道，目前在淘宝直播拥有上千万粉丝的薇娅，曾经是娱乐圈的艺人，2016年起转做直播，在没有任何推广手段下，曾帮一间0粉丝的淘宝新店，只用了5小时，就在一夜之间进账7 000万元人民币，而光是这一场直播的收入就足以让她在杭州买一间套房。

紧追薇娅之后的是Heika-Z，年收入2 000万元人民币。男性排名最高的是李佳琦，以年收入1 500万元人民币登上第3名。第4—10名依次是fashion美美搭、烈儿宝贝、陈洁kiki、闻小哈joanne、楚菲楚然twins、淘女郎demi、小丫MOMO，年龄在27—32岁，年收入在680万—1 300万元人民币。通过图7—12的资料可以很清楚地了解到，许多商家看重所选定的带货主播是否有很大的影响力，也愿意给有力的主播相对应的报酬。网红经济在中国市场有个很大的趋势，即消费者喜欢跟主持人互动聊天，以交朋友的方式打造买家与卖家的新关系。这也是新零售市场未来想要去结合的一个新的商业模式。

图 7—12　2018 年网红直播主播收入排行榜

第二节　品牌口碑传播

一、电子品牌口碑传播

随着互联网的出现，使顾客可以通过浏览网页收集其他消费者所提供的产品信息与主题讨论，顾客也可以针对特定主题进行自身经验、意见与相关知识的分享，形成所谓的电子口碑（Electronic Word-of-Mouth），又称为网络口碑（Online Word-of-Mouth）。

网络口碑动机是消费者在接触产品或服务后，因满意或不满意的经验或评价，产生向他人散播正面、负面口碑的行为。换言之，当消费者有满意的产品或服务接触时，可能会从事正面的网络口碑传播行为；反之，当消费者有不满意的产品或服务接触时，可能会从事负面口碑传播行为。随着互联网的普及与科技进步，口碑对消费者购物行为的影响与日俱增，消费模式发生转变，消费者从冲动式购物，转变为购物前倾向于在网络上探索口碑，避免自己买到不符需求的产品。

网络世界中信息交流依赖多样化的传播渠道，而各种渠道各有不同的便利程度。另外，可将渠道区分为主动搜寻与被动搜寻。网络口碑传播主要是通过电子邮件（E-mail）、新闻组（Newsgroups）、在线论坛（Online Forums）、产业入口网站讨论区（Industry Portal Discussion Areas）、电子布告栏（Bulletin Boards System）、网络游戏系统（MUD）、聊天室（Chat Room）等形式进行信息散布。此种网络沟通方式具有多对多、便利性、不受时空限制、匿名等特性。而在社群网站兴起后，社群口碑引人关注，并顺应发展出社群营销与社群聆听概念。社群主要可以让在线的买家与卖家直接沟通，或者消费者可以在讨论区了解该产品的功能与特色。

目前网络口碑的研究方向分为三类：(1)网络口碑的传播行为；(2)网络口碑的搜寻行为；(3)网络口碑如何改变购买决策。

通过图 7—13 可以了解到，中国有一个年轻消费者族群，喜欢用小红书来讨论产品与宣传。这样可以直接与年轻族群互动并建立起自己的品牌。小红书平台除了销售商品外，最重要的是结合了生活中的点点滴滴，可以让消费者与商家成为好朋友。

图 7—13　小红书品牌商家建立基地

二、建立品牌知名度

对于消费者来说，品牌代表着消费者对于产品的第一印象。许多大品牌如小米智能型手表、苹果手机与计算机，这些代表着品牌的价值。为了让消费者能够记住产品的好，就应该思考如何建立品牌知名度。品牌知名度一般需要5—10年的时间来建立。品牌知名度的最低层次是品牌识别，这是根据提供帮助的记忆测试确定的。如通过电话调查，给出特定产品种类的一系列品牌名称，要求被调查者说出他们以前听说过哪些品牌。虽然需要将品牌与产品种类相关联，但其联系不必太强。在消费者选购品牌时，品牌识别是至关重要的。

品牌识别可以让消费者找到熟悉的感觉。人们喜欢熟悉的东西，尤其是对于香皂、口香糖、纸巾等低价值的日用品，有时不必评估产品的特点，熟悉这一产品就足以让人们作出购买决策。研究表明，无论消费者接触到的是抽象的图画、名称、音乐还是其他东西，接触的次数与喜欢程度之间呈正相关关系。

另一个层次是品牌回想。通常是让被调查者说出某类产品的品牌，这是"未提供帮助的回想"，与确定品牌识别不同的是，不向被调查者提供品牌名称，所以难度更大。品牌回想往往与较强的品牌定位相关联。

品牌回想往往能左右潜在购买者的采购决策。采购程序的第一步，常常是选择一组需考虑的品牌作为备选组。例如，在选择广告代理商、试驾的车型或需评估的计算机系统时，通常要考虑三四个备选方案。在这一步，除特殊情况外，购买者可能没有接触到更多品牌。此时，要进入备选组的品牌回想就非常关键。哪个厂商生产计算机？能够想到的第一家公司就占有优势，而不具有品牌回想的厂商则没有任何机会。

第一提及，这是一个特殊的状态，是品牌知名度的最高层次。确切地说，这意味着该品牌在人们心目中的地位高于其他品牌。企业如果拥有这样的主导品牌，就有了强有力的竞争优势。

三、建立品牌的原则

（一）简单

一定要明确你现在的任务就是建立知名度，告诉人家你是谁，是做什么的，就足够了。也就是说，首先要解决的是脸熟问题，不要奢望在广告中表达太多的东西，让消费者连你有多少条生产线、工艺流程都记住，这些都是以后的问题，你现在首要的任务是大声喊出来——我来了！

(二)直接

尽量少绕弯子，一切创意都围绕产品。斯达舒上市的时候，巧妙地借助斯达舒的谐音“四大叔”来搞，虽然有点恶俗、戏弄之意，却直接突出了品牌的名字，整个创意就是围绕名字展开，你说消费者能记不住这个“四大叔”吗？同样的例子还有清嘴含片，“想知道亲嘴的味道吗？想哪儿去了，我说的是清嘴含片……”

(三)出奇

要想让别人记住你，你就得动点心思，使自己显得与众不同。美国家庭人寿保险公司(AFLAC)最初做了十多年的广告，但是几乎没有人记住这家公司，直到他们以鸭子的“嘎！嘎！”声作为创意。这的确有点疯狂。当你大声地把 AFLAC 念出来的时候，听起来就好像鸭子叫，于是，他们大胆地把鸭子的叫声引入创意，当别人在交谈时，总会有一只鸭子在旁边嘎嘎地乱插嘴。这个在一般人看来疯狂、幼稚、不合传统的广告，居然取得了巨大的成功：在广告播出的 6 天之内，AFLAC 网站的访问量比前一年的总数还多，销售额总共增长了 55%，91%的美国人知道了 AFLAC。更有趣的是，其中的 1/3 不是说出 AFLAC，而是像鸭子一样喊出来，不仅如此，AFLAC 鸭居然成了流行形象，大家总是时不时地喊出 AFLAC，这相当于价值不菲的免费广告。

这一切的取得自然与 AFLAC 的决策层有着密不可分的关系，因为他们知道现在需要的就是知名度，无论采用什么方式，只要别人能够知道公司的名字就行，也正是因为他们的理智，才促成了创意人的大胆。

别人说的时候，你就试着唱出来。最不合逻辑，就是广告的最符合逻辑，最符合广告传播的逻辑。

(四)产品为主角

广告不能为了创意而忽略产品，尤其是第一次亮相，更应该对产品进行充分的展示，把产品作为整个创意的主角放大，当然绝非像有的广告那样，只是让产品在屏幕上飞来飞去，而是要巧妙地进行展示。

（五）记忆点

人最容易被细节吸引和打动，在人的脑海里，经常会浮现出一些断章式的情节，也许某一部电影的具体内容你忘掉了，但是对里面的某个情节却记忆犹新。比如《英雄本色》里面小马哥叼着火柴棒的情节，很多人对它过目不忘，这就是记忆点。一条广告播完了，你必须有一个细节，或画面或语言让消费者记住，如农夫果园的"喝前摇一摇"就是记忆点方面非常好的例子。

（六）多说两遍产品名

人是需要进行提醒记忆的，第一次和人家打交道，为了让别人记住你，你就要多喊两遍自己的名字，记住，在 30 秒或者 15 秒的广告里，只出现一次品牌名字绝对是一个失误，你必须多喊两遍，消费者才可能听到，别怕重复，宁愿让消费者产生记忆，等待下次购买的时候就可以想到该品牌的名字。为何要让消费者有印象？就是为了他们可以持续性地购买品牌产品。通过图 7－14 可以很清楚地了解到新零售品牌扩散方式。品牌的扩散主要有品牌口碑传播、品牌扩散与消费者接受、消费者品牌印象等因素，最终的目的就是通过新零售的销售情境因素加深消费者对该品牌的印象。

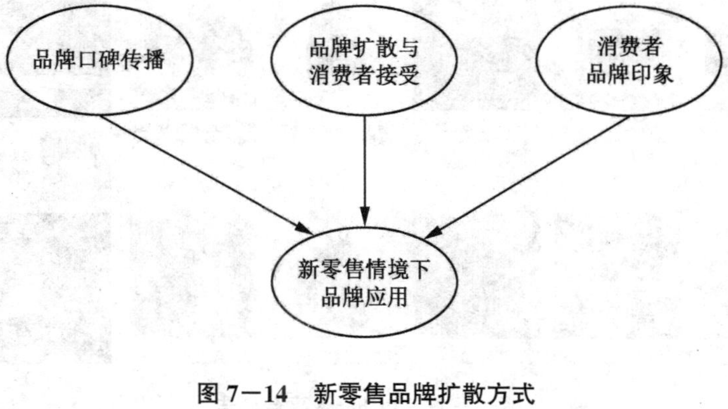

图 7－14　新零售品牌扩散方式

第三节　网络广告推广

一、推广适合的消费群体

商品在平台上销售，最主要是吸引消费者的目光。平台上有一堆的商品，有时候消费者也不知道要选择怎样的商品。有种方式叫做广告，但是怎样推广对于商家的产品是有效果的呢？到底是要用付费的方式，还是不要用付费的方式来推广呢？这大大地考验着商家的智慧。

网络广告主要是通过互联网方式来推广产品给消费者，具有互动性，以此了解消费者的需求，进一步让消费者不断在平台上持续购买。我们通过图 7—15 和图 7—16 可以了解到，两个平台网站广告的消费对象不同。PChome 主打消费性电子产品与民生用品，而飞猪网主打订机票、订酒店等。两者之间的差异性决定了它们的广告也不尽相同。这种网络广告可以连接到全世界，这也是网络广告与传统报纸杂志广告的不同之处。

图 7—15　PChome 平台广告

图 7－16 飞猪网订票系统

二、横幅广告

横幅广告(Banner Ad)算是早期网站广告呈现的形式之一，通常是矩形图片，会出现在网页的任何地方。当你点击横幅广告之后就会跳转到该广告服务商，借由链接将流量导入目标网站。

点入这个页面，就是横幅广告的提供商，不管你最后有没有买，已经达到这个横幅广告的目的啦!

近年来，网站营销越来越重视横幅广告的运用，可以增加产品和品牌的曝光度，尤其是拥有高流量的主网站，当消费者在浏览它们的页面时，记得好好运用横幅广告将他们带到你的网站吧！图 7－17 和图 7－18 分别是 PChome 购物网和东森购物网的横幅广告，主要是在过年、“双十一”等重大的节日，消费者看到横幅广告会去点击查看相关销售活动。

图 7—17 PChome 横幅广告

图 7—18 东森购物网横幅广告

三、弹出式广告

弹出式广告主要是一种小面积的广告方式，我们时常在网页上看到有小小的弹出式广告，有时候还会与现在最热门的社群网站做链接。最常见的格式有 JPEG、GIF、Flash 等。但是，弹出式广告有时候也会造成消费者的反感，商家在使用这种广告过程中，要防止消费者对产品产生不好的印象。

四、电子邮件和电子报营销广告方式

现在大多数人有电子邮箱，邮箱中有许多夹带广告的邮件。有时候商家会通过电子邮件营销的方式给消费者传递产品的特色与功能，有时候通过邮件旁的广告牌来吸引消费者点击。不管是怎样的方式，目的是要让消费者查看商品并购买，千万不要在网络营销中成为垃圾信被丢弃，最终损坏公司形象。

五、整合性营销

实体商店的广告与虚拟平台的广告结合，这属于最新的广告模式。我们常常在手机上通过 APP 点击链接转到一些实体商店所推广的商品活动页面，这样的在线与线下新零售广告模式的整合，可以快速反映现在消费者市场的需求。新零售也开始做整合性营销，通过在线与线下的广告模式来推广，最终的目的在于创造新零售的营销方式，让消费者可以在线看到广告，到实体店面来购买。尤其是电器或者手机等产品，大多数消费者会用这样的方式来购买与体验。许多商场喜欢通过实体店面推广商品，并把消费者引至在线下单与购买，这对于买家与卖家都是个新的尝试。

【本章小结】

1. 通过脸书、推特、YouTube、小红书等平台与消费者建立关系，社群媒体关系的建立可以帮助买家与卖家成为长期伙伴。

2. 网红广告是目前商家最喜爱的一种网络营销推广方式，可以直接与消费者互动。网红经济要慎选主播，通过主播带来的效应，可以替卖家加分。

3. 由于消费者族群的不同，商家要去找到适合的广告平台做营销，通过这样的方式来达到业绩增长。

4. 电子邮件和电子报营销广告方式主要是为了让消费者对公司的印象

加分，最重要的是让消费者点击购买。

5. 整合性营销属于在线与线下整合的广告推广模式，可以直接让消费者对公司与产品产生更好的印象。

【本章重要关键词】

品牌口碑传播　品牌扩散　新零售情境　横幅广告　弹出式广告　电子邮件　电子报营销

【本章课后练习】

1. 何谓网红经济？社群平台主要有哪些？

2. 网络营销广告方式有哪些？

3. 网红广告未来会有持续性的效用吗？

4. 为何商家喜欢间接推广商品？

第八章　新零售物流方式

❖ 案例导读

亚马逊：十大物流技术玩转物流大数据

亚马逊从成立至今经历了20多年的发展，同时也是引领电商仓储物流发展的20多年。2019年，亚马逊中国停止为第三方卖家提供服务，以下我们主要回顾此前亚马逊的十大物流技术。

贝佐斯曾经说过："你可以学会亚马逊的过去、学会亚马逊的现在，但你学不会亚马逊的未来。"从20多年前贝佐斯的汽车房到今天的机器人库房、直升机配送，亚马逊开创了一整套以高科技为支撑的电商仓储物流模式，在过去20多年快速稳健的发展中，亚马逊已经形成了成熟的、覆盖全球的运营网络。

通过20多年的积累，亚马逊已经组建了一个通达全球的网络，通过遍布全球的109个运营中心，可到达185个国家和地区。在中国，亚马逊有13个运营中心，以及近300多条干线运输线路，可向1 400多个区县的消费者提供当日达、次日达服务。这样的规模，足以让亚马逊跻身世界一流物流企业。

亚马逊是最早玩转物流的电商企业：它在业内率先使用了大数据、人工智能和云技术进行仓储物流的管理；创新地推出预测性调拨、跨区域配送、跨国境配送等服务，不断给全球电商和物流行业带来惊喜。

一、智能机器人 Kiva 技术

亚马逊2012年以7.75亿美元收购的Kiva Systems，大大提升了亚马逊的

物流系统。据悉,时至2015年,亚马逊已经将机器人数量增至10 000台,用于北美的各大运转中心。Kiva系统作业效率要比传统的物流作业提升2—4倍,机器人每小时可跑30英里,准确率达到99.99%。

机器人作业颠覆传统电商物流中心作业“人找货、人找货位”的模式,通过作业计划调动机器人,实现“货找人、货位找人”的模式,整个物流中心库区无人化,各个库位在Kiva机器人驱动下自动排序到作业岗位。

二、无人机送货

早在2013年12月,亚马逊就发布Prime Air无人快递,顾客在网上下单,如果重量在5磅以下,可以选择无人机配送,在30分钟内把快递送到家。整个过程无人化,无人机在物流中心流水线末端自动取件,直接飞向顾客。2014年,亚马逊CEO贝佐斯公开表示,亚马逊正设计第八代送货无人机,将采用无人机为Amazon Fresh生鲜提供配送服务。

三、订单与客户服务中的大数据应用

亚马逊是第一个将大数据推广到电商物流平台运作的企业。电商完整端到端的服务可分为五大类,即浏览、购物、仓配、送货和客户服务。

(一)用户浏览

亚马逊有一套基于大数据分析的技术来帮助精准分析客户的需求。具体方法是,后台系统会记录客户的浏览历史,然后把顾客感兴趣的库存放在离他们最近的运营中心,这样方便客户下单。

(二)购物便捷下单

在这方面,帮助客户不管在哪个角落,都可以快速下单,也可以很快知道他们喜欢的产品。

(三)仓储运营

大数据驱动的仓储订单运营非常高效,在中国亚马逊运营中心,最快可以在30分钟之内完成整个订单处理,也就是下单之后30分钟内可以把订

单处理完出库，从订单处理、快速拣选、快速包装到分拣等一切都由大数据驱动，且全程可视化。由于亚马逊后台的系统分析能力非常强大，因此能够实现快速分解和处理订单。

（四）配送

精准送达对于当前电商物流来说，绝对是一个技术活。电商物流的快物流不是本事，真正高技术的电商物流服务是精准的物流配送。亚马逊的物流体系会根据客户的具体需求时间进行科学配载，调整配送计划，实现用户定义的时间范围的精准送达。美国亚马逊还可以根据大数据的预测，提前发货，实现与线下零售PK赢得绝对的竞争力。

（五）CRM客服

即大数据驱动的亚马逊客户服务，据悉亚马逊中国提供的是7×24小时不间断的客户服务，首次创建了技术系统识别和预测客户需求，根据用户的浏览记录、订单信息、来电问题，定制化地向用户推送不同的自助服务工具，大数据可以保证客户随时随地电话联系对应的客户服务团队。

四、智慧入库管理技术

在亚马逊全球的运营中心，可以说是把大数据技术应用得淋漓尽致，从入库这一时刻就开始了。

（一）入库监控

采用独特的采购入库监控策略，亚马逊基于自己过去的经验和所有历史数据的收集，了解什么样的品类容易坏、坏在哪里，然后进行预包装。这都是在收货环节提供的增值服务。

（二）商品测量

亚马逊的Cubi Scan仪器会对新入库的中小体积商品测量长宽高和体积，根据这些商品信息优化入库。例如鞋服类、日用百货类、新的爆款等，都可以送过来通过Cubi测量直接入库。

这给供货商提供了很大方便。客户不需要自己测量新品，这样能够大大提升新品上市速度；同时有了这个尺寸之后，亚马逊数据库可以存储这些数据在全国范围内共享，这样其他库房就可以直接利用数据，有利于后续的优化、设计和区域规划。

五、大数据驱动的智能拣货和智能算法

(一)智能算法驱动物流作业，保障最优路径

在亚马逊的运营中心，不管是什么时间点，基本上在任何一个区域、任何一个通道里面，你不太会看到很多人围在一起，为什么？因为亚马逊的后台有一套数据算法，它会给每个人随机地优化他的拣货路径。拣货的员工直接朝前走，系统会推荐下一个要拣的货在哪儿，永远不要走回头路。而且确保全部拣选完了之后，路径最短，通过这种智慧的计算和智慧的推荐，可以把传统作业模式的拣货行走路径减少至少60%。

实现方式：拣货的时候，系统会告诉员工，拿着扫描枪，下一个应该到哪个货位去拣，走的路是最少的，效率最高。

(二)图书仓的复杂作业方法

图书仓采用的是加强版监控，会控制那些相似品尽量不要放在同一个货位。图书穿插摆放，批量图书的进货量很大，因为它的需求很大，亚马逊通过数据分析发现，这样穿插摆放可以保证每个员工出去拣货的任务比较平均。

(三)畅销品的运营策略

比如奶粉，有些是放在货架上的，有些是放在托盘位上的。像这些商品离发货区会比较近，亚马逊根据后台的大数据，知道它的需求量比较高，所以它进来的时候都是整批整批地进，然后就会把它放在离发货区比较近的地方，这样可以减少员工的负重行走路程。

六、随机存储

(一)随机存储的运营原则

随机存储是亚马逊运营的重要技术，但要说明的是，亚马逊的随机存储

不是随便存储，是有一定的原则性的，特别是畅销商品与非畅销商品，要考虑先进先出的原则，同时随机存储与最佳路径也有重要关系。

（二）随机存储与系统管理

亚马逊的随机存储核心是系统Bin，将货品、货位、数量绑定关系发挥极致。收货：把订单看成一个货位，运货车是另一个货位，收货即货位移动；上架：Bin绑定货位与货品后随意存放；盘点：与Bin同步，不影响作业；拣货：Bin生成批次，指定库位，给出作业路径；出货：订单生成包裹。

（三）随机存储的运营特色

亚马逊的运营中心有个特色就是随机上架，实现见缝插针的最佳存储方式。看似杂乱，实则乱中有序。实际上，这个乱不是真正的乱。乱，就是说可以打破品类和品类之间的界限，把它们放在一起；有序，是说货位的标签就是它的GPS，然后这个货位里面所有的商品其实在系统中都是各就其位，非常精准地被记录在它所在的区域。

七、智能分仓和智能调拨

亚马逊作为全球大云仓平台，智能分仓和智能调拨拥有独特的技术含量。在亚马逊中国，全国10多个平行仓的调拨完全是在精准的供应链计划的驱动下进行的。

（一）智能分仓

通过亚马逊独特的供应链智能大数据管理体系，亚马逊实现了智慧分仓、就近备货和预测调拨。这不仅仅是用在自营电商平台，在开放的“亚马逊物流＋”平台中应用更加有效果。

（二）智能调拨

全国各个省市包括各大运营中心之间有干线的运输调配，以确保库存已经提前调拨到离客户最近的运营中心。亚马逊以整个智慧化全国调拨运输网络很好地支持了平行仓的概念，全国范围内只要有货就可以下单购买，这是大数据体系支持全国运输调拨网络的充分表现。

八、精准预测、二维码精准定位技术

(一)精准的库存信息

亚马逊的智慧仓储管理技术能够实现连续动态盘点,库存精准率达到99.99%。

(二)精准预测库存,分配库存

在业务高峰期,亚马逊通过大数据分析可以做到对库存需求精准预测,在配货规划、运力调配以及末端配送等方面做好准备,平衡了订单运营能力,大大降低爆仓的风险。

(三)二维码定位

亚马逊全球运营中心中,每一个库位都有一个独特的编码,即二维码。二维码是每一个货位的身份证,就是一个GPS,可以在系统里查出商品定位,亚马逊的精准库位管理可以实现全球库存精准定位。

九、可视化订单作业、包裹追踪

(一)跨境电商方面

近年来亚马逊发布了海外购、闪购,这是依托保税区/自贸区发货的创新模式。亚马逊海外购的商品非常有价格优势,同质同价。全球云仓库存共享:在中国就能看到来自大洋彼岸的库存,亚马逊实现全球百货直供中国,这是全球电商供应链可视化中亚马逊独特的运营能力。亚马逊在中国独一无二地实现了全球可视化的供应链管理。

(二)国内运作方面

亚马逊平台可以让消费者、合作商和亚马逊的工作人员全程监控货物、包裹位置和订单状态。比如,昆山运营中心品类包罗万象,任何客户的订单执行(包括从前端的预约到收货),内部存储管理、库存调拨、拣货、包装,以及配送发货,整个过程环环相扣,每个流程都有数据的支持,并通过系统实现全订单的可视化管理。

十、亚马逊独特的发货、拣货技术

历年的“双十一”活动，亚马逊运营中心大量采用八爪鱼技术。很形象，作业人员像八爪鱼、像千手观音一样。亚马逊会根据客户的送货地址，然后设计出不同的送货路线。不同时间点经过不同的路线，分配到不同的流水线方向。在八爪鱼作业台操作的员工，主要是负责把前面已经运作完的货品分配到专门的路由上面。

一个员工站在分拣线的末端，就可以将所有包裹通过八爪鱼工作台分配到各个路由上面，八爪鱼是非常高效的，据说这种运营模式是亚马逊员工自己设计的。站在中间那个位置，一个人可以眼观六路，这个作业可以通达八方，非常高效，没有人员冗余。而且，八爪鱼上全部是滚珠式的琉璃架，没有任何板台，员工的作业很轻松。

此外，其他重要的技术应用包括：(1)物联网技术。在亚马逊的运营中心，安全标准设置很高，人和车、物要分开，所以会有镜子帮助工作人员了解周围路况，有人就停下来。另外，司机有安全带，员工有安全帽，安全帽里有芯片，如果探测到一定范围内有人，也会停下来，镜子的用途即是同理。(2)双库联动模式。亚马逊昆山运营中心有一个类似于天桥的传送带，全封闭式，其作用是完成不同品类的合单，可以通过传送带将一个库的货物转到另一个库中，这个又叫双库联动。而这里又是超大库，在两个超大库之间进行双库联动对效率有非常高的要求，对时间点的把控也很严格。

以上是对亚马逊运营中心物流技术的全面梳理，可以让大家全面地了解亚马逊的物流技术细节，其实亚马逊的技术远远不止这些，但对于当前的电商物流行业朋友来说，能够搞懂这些技术就已经很牛了。

第一节　快速物流

一、快速送货服务

电商生死战中，物流扮演的角色相当重要，先来看看关键数据！根据MIC调查，电子商务业者对物流业者的服务期待为“特别优惠价格”(62.1%)、“避免损坏商品”(49.0%)、“商品准时送达”(48.5%)、“送货时间能够配合买家”(43.4%)及“送货人员服务态度”(31.3%)。电子商务业者攻占客户，关键不外乎“快、准、省”！

24小时到货或12小时到货现在都不够了！物流短链新布局攻占市场，现在流行3小时到货甚至半小时到货。仓储物流业者应用新科技，包含智能物流、大数据、卫星仓、无人机等，致力于打造全智能物流，减少商品转运时间，更迅速地将商品送到客户手中。仓储物流业者在瞄准新科技的同时，电商业者更应该随时掌握信息，及早分析商品属性，思考未来与仓储物流业者合作的模式，才能提供给消费者更快捷的服务。

不论是宅配还是超市，物流业者难免出包，后果轻重不一，货物损坏、投递错误、延迟到货，各种情况都有可能发生，然而，无法提供给消费者完美的购物体验，社群媒体发达，昭告天下只是一指间的事情，对于品牌的杀伤力不容小觑。物流业者唯有秉持“每一个环节都有优化的可能”的理念，才能在数年间培养出处理上万单也不出错的硬实力。电商业者除了比较各家商品运送的质量、投递准确性及实时性，更要关注物流业者愿意花多少时间、精力及资本。

消费者、电商业者、物流业者都想一起省，掌握技巧及定好策略，并非不可能。“满额免运费”是不败老梗，看到免运费能让消费者更甘愿掏钱买单。消费者省下的运费，难道要电商业者自行承担吗？当然不用。第三方仓储物流商众多，不需要自己串接物流，一次帮你搞定，第三方平台（如开店平台）量大的优势，早就帮你谈好最优惠的价格！与其纠结是否提供免运费给消费者，不如把时间拿来研究那些可靠且能长期合作的第三方仓储物流商。

消费者、电商卖家、营销人员等，许多不可不知的物流名词，你掌握了吗？

商业模式上，B2B和B2C都不陌生，仓储物流业中，B2B和B2C怎么运作呢？简单来说，B2B就是从仓库直接出货到店点或代理商，再让店点柜员或代理商卖给消费者。在这个模式运作下，出货量非常大，是以“栈板进/出”来计算的！仅3—5个店点，出货、进货就能耗上一整天！相比之下，B2C是从仓库直接出货给消费者，收货点可达上万，非常惊人。然而，每一个收货点量极少，毕竟同一消费者购买的商品品项及数目不多。第三方仓储物流商以提供B2B服务为主，只有少数整合B2B和B2C，如峰潮物流即为少数之一，整合B2B及B2C为商家提供更多选项。

冷链物流就是“冷冻”、“冷藏”物流，大部分是初级农产品，如蔬菜、水果、肉、蛋，还有冰淇淋、奶制品等加工制品，甚至药品都需要通过冷链物流运送。其中只能冷藏不能冷冻的，称作“温层”。若你是商家，最需要注意的就是价格，即便不像常温物流限制材积，但价格非常高，也不易压低。

客人需要退货、换货时，称作“逆物流”，或“逆向物流”，这是电商最讨厌的名词之一，对于仓储物流业或商家来说是大麻烦！不管是否与正向物流共享仓储资源，退换货的逆向物流都得和正向物流分仓，不仅如此，系统、仓储、运输等环节都相差甚大，大大增加物流成本。

在中国台湾的超商运送可分为店到店和大宗，通常如果是少量包裹寄出，店到店绝对划算很多！但处理单数庞大时，大宗服务就很重要，大宗需将超商包裹整理后，一起装进大箱中，运送到集仓。集仓，就是超商大宗的仓库，常见的有7-11的“大智通”和全家的“日翊”。不论是店到店还是超商大宗，最需要注意的莫过于运费。若件数介于10—20，店到店或许比大宗便宜，然而大宗只需负担从出货地到集仓的运费，因此需仔细衡量后再做决定，才能省时、省事又省钱！

有了开店平台的物流串接，别再说物流成本省不了！一般而言，大多数货运公司会针对配送的数量不同来定价，订单规模成长就是电商业者与物流商“压低运费”的筹码，大型商家货品成千上万单，肯定能谈到更好的价格，这样的规模经济产生的价差与利润相当惊人。

到货速度多“快”，客户黏着度就有多高！

图 8—1　Cyberbiz 提供三小时到货服务

二、生鲜产品快速到货服务

在杭州、宁波等地方，已经开始生鲜产品快速到货服务的物流模式。例如，盒马鲜生超市、三江超市、物美超市、大润发等卖场提供这样的服务。主要服务店家附近三公里内的消费者，可以直接下单并且告知大约几点可以把生鲜产品送到家中。

如图 8—2 所示，盒马鲜生超市提供 30 分钟把生鲜产品送货到家的服务，这样的服务在国内受到了极大的欢迎。盒马鲜生已经在全国各地开了许多分店，包括华东、华南、华中、华北等地方，代表现在的消费者喜欢这样的购物模式。消费者现在习惯在家等货上门，会有快乐感与兴奋感，只要让消费者得到这样的感觉，商业模式就成功了。物流对于新零售来说是个很重要的概念，有了健全的物流配送，才可以让消费者快速且完好地收到货品。

图 8—2　盒马鲜生超市提供免费配送服务

图 8—3　盒马鲜生实体店面

三、外卖服务

在中国，高校学生或者上班族叫外卖点餐已经成为现在生活中的一环。许多消费者从手机上、计算机上点餐，外卖物流要怎样快速地把餐点交给消费者呢？这需要一套 SOP 服务，最终的目的是要让消费者拿到餐点后吃得满意。国内的美团外卖、饿了么已经开启了点餐与送餐服务，许多消费者很乐意在这两个平台上下单。它们标榜着“下单有优惠”，“快速地把热乎乎的餐点交到消费者手中”。因此，我们的生活方式在慢慢变化，打破了消费者要亲自去外面吃饭的状况。消费者有时候因为工作繁忙或者是天气太冷太热的缘故，导致不想出门吃饭。好在有了这些外卖的点餐平台，让消费者可以在家中等待餐点的到来。

选择了理想的送餐平台后，接下来就要考虑，如何将这项额外提供的服务与日常店内运营工作结合在一起，以保证送餐的速度和质量。

首先，你需要决定哪些菜品、饮料支持外送，并专门设计一份外卖菜单，供网络平台使用。外卖包装也颇为讲究，在保证轻便结实、密封性、可微波加热等基本功能的同时，还要体现餐馆的品牌特征。要知道，设计新颖别致的餐盒、餐巾纸，能给客人留下深刻的印象。

其次，内部培训同样非常重要。后厨的师傅们必须熟知外卖菜品、容器、打包方式的特殊要求。前台服务生则需要了解如何与取餐员进行对接，以及在发生诸如订单错误、恶劣天气等问题时，如何应对客人的质询和投诉。

在售后服务这方面，你应当详细了解网络订餐平台的问题处理流程，提前搞清楚餐馆和送餐员、订餐平台各自应承担的责任。

另一个至关重要的准备工作是，最大限度地利用点餐管理系统，及时、准确地处理来自店内客人、自营外卖和网络平台的订单。

开通网络订餐服务后，各种订单纷至沓来，传统的纸笔记录、手写厨房单等将不足以应付，而处理速度快、功能强大的点餐系统则可以准确记录和传达订单信息，让前台和后厨工作井井有条。

当你的餐厅生意蒸蒸日上时，除了拓展业务渠道、增加订单数之外，引入更新、更好的管理系统也势在必行。

资料分析：使用个人手机、计算机访问后台，就能查看实时销售数据和报表。

员工管理：上下班打卡、制定排班、设定员工账户权限、了解员工销售业绩、与 QuickBooks 连接、管理工资发放。

客户关系管理：建立客户档案，记录消费信息，制定会员奖励规则，发放会员卡、储值卡等。

图 8—4　饿了么官方网站

图 8—5　美团外卖官方网站

这些外卖平台有个共同的特性，即针对外卖小哥来点评。例如，外卖送餐的小哥有没有快速地把餐点送给消费者，或者餐点有没有维持一定的热度到消费者手中等。这套机制主要为消费者服务。

新零售的商业模式最主要强调的是在线与线下的大结合，许多手机APP就是让消费者在线购物，线下快速地收取货物。

四、高科技应用无人机运送产品模式

中国两大外卖APP“饿了么”与“美团外卖”掀起抢客大战，在节省人力成本的考虑下，两大龙头一同在外送服务上积极展开人工智能的市场布局，饿了么率先在上海金山工业区试验无人机配送外卖，而美团外卖则是出动机器人送餐。

打开外卖APP，看看有没有什么对胃口的食物，然后下单，等待外卖，平均等待20分钟时间外卖人员就会将餐点送上门，十分便利，但你想过有一天送上门的不再是外卖人员，而是无人机或者机器人送餐吗？

2018年，饿了么网站宣布，在上海的金山工业区内有一块占地面积约58平方公里的区域，预计配有17条无人机配送航线，服务外卖商家约有100多家。

首先从金山工业区附近的消费者开始做试验，该区域内的消费者通过手机下单后，预计20分钟内能收到无人机送来的外卖。无人机将在每条航线的两个固定地点之间送餐。也就是说，由A点出发端的外卖人员先从店家取餐，然后将其进行集中，通过无人机将这些外卖发送出去。之后由B点接收端的外卖人员接收无人机送来的外卖，再分别送到附近订餐的消费者手中。至于这种新型无人机配送方式，消费者不需担心外送费用比较贵，因为不必支付额外的费用。

饿了么公司进一步解释，与普通外送比较，使用无人机送餐可以降低外送成本，目前饿了么先从上海试点，利用无人机送餐，在本来竞争就激烈的外卖市场上势必会掀起新一波抢客大战。

饿了么在配送领域已经展开了多次无人机送餐试验，它的竞争对手美团外卖也早已致力于开发机器人配送。

美团点评 CEO 王兴在出席公开活动时曾证实，美团的确在试点机器人配送技术。王兴透露，美团几年前就已经开始研究这项技术了，并申请了 60 项技术专利。他还表示，计划在 2019 年实现机器人配送技术的无人化运营。

美团送餐的机器人叫做小 B，消费者手机下单后，小 B 即前往餐厅接餐然后上路，消费者还可以随时从手机上掌握送餐情况。机器人小 B 还会自行规划路线，不会多走冤枉路，遇到无法通行的路障，例如汽车或者垃圾桶等障碍物，也会避开重新规划路线。等到送餐抵达小区了，对于机器人小 B 来说也是小意思，通过内设的大脑，小 B 可以搭乘电梯，最后来到消费者家门口，当然它本身不会敲门或者按门铃，它的行踪由消费者通过手机完全掌握，特别是每份餐点或者包装上有独特代码，手机扫一下就可以签收，但如果是不小心拿错或者多拿包裹，可能会面临机器人向警方报警！

除了外卖两大龙头企业饿了么与美团外卖在外送市场上展开无人化的积极探索，百度、腾讯、京东、滴滴等企业也都在招募无人车、自动驾驶相关人才，大力布局人工智能领域。然而，这些都还停留在试验阶段，等到面临真正上路施行以及相关法规是否能配合放行，挑战依然巨大。

这样的高科技应用，对于往后的运送模式会产生巨大影响。在中国有自行车、电动车、小货车等运送货物模式，以后因为 AI 时代的到来，会改成无人机运送模式。以后消费者不管是住在深山还是海边，只要有无人机的运送，就不会受到地形的影响，最终会快速交到消费者手中。相信过几年会有更多的无人机投入使用，改变新零售的物流运送模式。

第二节　订单与物流系统的结合

一、实时系统的建立

任何消费者在新零售平台上下单，从商品的订单确立到后续的物流配送需要有一套实时管理系统，除了提醒卖家有新的订单外，还要让买家知道现在的订单流程到哪了、何时配送，以及预计多久时间送达消费者手中。这样一套系统为买家与卖家之间设置了提醒模式，让整个运作流程能够更加快速。实体店面 7-11、全家就是使用 POS 系统，使买家和卖家可以了解整个订单流程和具体货物情况。

POS 系统的全名为 Point of Sale，中文名为销售时点信息系统，是指由硬件与软件组成，能够协助店家处理诸如进销存、发票管理等店务的一套系统。零售 POS 系统最常见的功能如收银、进货、营业报表等，不同产业有不同的 POS 系统所需功能。通过 POS 系统，店家能够提高营运效率，节省成本开销。而根据数据显示，使用 POS 系统能够为店家带来：(1)减少 30%员工处理店务的工时；(2)通过分析进销存，每年节省 4%开销；(3)有效掌握顾客消费动向及喜好。

POS 系统可以让卖家知道消费者喜爱怎样的产品，也可以让卖家知道整个产品库存状况，这样使卖家在进货的过程中少走弯路。这套 POS 系统已经在各大超市、卖场、百货公司使用，可以精准地把握消费者的需求。物流部分结合商店来出货，这样可以让整体的运作流程更加顺利。

二、仓库机器人的配合与出货

这个在以往看来不可能完成的任务，现在却因为深度强化学习（Deep Reinforcement Learning，DRL）的出现而显露契机。因为 DRL 可以协助机器人识别、应对周围环境,并自主学习处理多样的产品。

有了足够的数据与练习,DRL 机器人就能自学新能力,逐渐进步。就像我们的学习方式一样,经过尝试或是他人示范,机器人也可以学着识别影像、打赢电玩游戏,或是像 DeepMind 研发的 AlphaGo Zero 一样,利用 DRL 自我学习,最终战胜世界棋王。

每次的抓取和试验,都使机器人变得更聪明,更善于掌握任务内容。此外,云端联机的机器人还能相互学习交流。这样的巨大转变,使得机器人解决方案更加灵巧、弹性而且有效率。深度学习以人工神经网络架构为基础,是机器学习的一种,主要用于影像分类。

简单举例说明:如果要你找出一套规则,教机器人如何辨识猫,你可能会说"一只猫有四只脚、两只耳朵,毛茸茸的"。但这样和形容狗有什么差异?

深度学习不需要我们自己找出规则,只要直接给机器人一堆猫的照片,就能让它自己学会一套辨别猫的规则。

一般认为,仓库货物分拣作业是最适合 AI 机器人手臂应用的情境。首先,货物分拣是相对简单而且可以容错的任务,就算机器人不小心失误,只要将货品重新捡起来,不破坏物品就可以。相反,如果手术机器人出现失误,就不是可以轻易解决的问题。其次,任务内容虽然相对简单,但需要处理的商品多达上百万种,包装也千奇百怪,因此无法光靠人工编写程序来完成任务。可以拿准货物就是成功,反之就是失败,所以相对容易定义奖赏机制及目标。最后,一般的自动化仓库是相对受限的环境,虽然还是有不确定性,但相对于一般家庭或大街上,不确定因素还是少了很多。

另外,仓库中需要完成的任务往往十分相似,而且订单拣货占了大多数仓库营运成本的 40%以上,人工成本占仓库总预算高达 70%。因此,在亚马逊(Amazon)等电子商务公司降低成本、追求快速到货的推波助澜下,零售商无一不设法追求仓库自动化,而这也让仓储自动化成为 AI 机器人的应用场景首选。

许多新创公司选择仓库货物分拣作为第一个应用案例，希望利用仓库作为试验场，让 AI 机器人技术进一步完善，也让更多传统公司了解这项新技术。

但多数人不知道的是，自动化仓库内的货物拣选与包装作业仍然是由人工执行，而这些作业的人工成本更高达仓储经营总预算的 50%—70%。

除此之外，机器人的成本自 20 世纪 90 年代以来持续大幅下降；同时，仓库工人短缺导致每年平均工资上涨 6%—8%。综合以上原因，货物分拣一直是仓库业者想自动化却苦于无法着力的终极目标。

所以，拣货能力长期以来一直是机器人研究中难以突破的终极目标。

年复一年，亚马逊和 KUKA 等公司为新创公司和学术团队举办机器人挑战赛，希望借此打造出有能力识别、拣货、储放货品的机器人。近年来，因为深度学习技术的出现，终于促使机器人有能力识别、挑选并且妥善放置数百甚至多达数千件的物品。

但这项技术仍未完善，对机器人来说，识别数千万个对象并处理可变形对象或透明包装物品，仍然充满挑战。然而，根据我们访问 Locus Robotics 与 Osaro 等美国仓库机器人制造商的新创结果，许多产业专家预计这项技术很快就会成熟，在接下来 5 年内大量获得仓库采用。

另一方面，亚马逊、Standard Cognition 等公司正在开发无人商店，发展利用 AI 的商品识别技术，或许在不久的将来，就会出现能识别仓库里大部分商品的智慧相机。

如果这种情况真的发生，不仅足以影响仓储作业，还将冲击零售、物流，以及许多其他我们从未想象过的应用场景。为了让这样的 AI 机器人系统应用在仓库，现在越来越多的仓库企业导入自动化设备，一来可以节省成本，二来可以快速出货给消费者。我们在前面提到了机器人深度学习的概念，机器人靠着经验的累积与货品的条形码辨识，可以让整个出货的效率不断提升。现在的新零售物流概念，主要就是靠物流提升出货效率，并通过仓库管理间接了解消费者的需求点，真正达到在线与线下的大结合。科技的进步造就了物流系统软件的升级，外加机器人硬件设备智慧的提升，大大提高了物流效率。

【本章小结】

1. 物流对于新零售商业模式具有很重要的作用。如何让消费者快速拿到货品？货品是否有损坏？这些对于消费者来说是关键因素。

2. 传统点餐外卖的运送模式有自行车、电动车、小货车等，最近 AI 人工智能的开启，无人机运送属于新的物流模式。

3. POS 系统可以帮助卖家监控整个商品状况、消费者需求，并预测未来市场习性，做好市场规划。

4. 深度强化学习对于 AI 机器人来说是个重要的概念，例如整个仓库的机器人手臂，或者机器人的出货系统。

【本章重要关键词】

AI 人工智能　点单系统　无人机　外卖服务　物流配送　POS 系统　深度强化学习　机器人

【本章课后练习】

1. 何谓人工智能系统？

2. 何谓订单系统？超市里的 POS 系统的主要功能是什么？

3. 何谓机器人的深度强化学习？怎样通过机器人出货？无人机如何送货？

第九章　新零售的未来发展与管理应用

❖ 案例导读

新零售未来的发展趋势

在零售市场竞争激烈的环境下，在商品极大丰富的大背景下，零售业已逐步走出以商品为中心的模式，转向以消费者为中心、以流量为中心的方向加快发展。如何从内容、形式和体验上更好地满足消费者的需求，是当前零售经营的核心。零售首先是经营顾客，围绕经营顾客打造有特色的商品与服务。

目前，零售经营什么品类、什么品牌已不是最重要的，如何用有特色的商品、场景、服务、体验打动消费者，触动消费者的心智，才是最关键的要素。如全新分享经济 C2B2B 模式，其核心就是以消费者为中心，快速聚焦消费者的需求，搭建稳定良好的平台，为广大消费者提供精心定制的优质产品和服务。

新零售是以消费者体验为中心，依托互联网，在线与线下深度融合，重构人、货、场的结构，从而满足用户的需求，改变了传统的电商模式。那么，新零售在未来将会呈现出什么样的发展呢？我们一起来了解一下。

一、技术发展

新零售的产生本身就是移动互联网、物联网和大数据等技术日益成熟的结果，随着人工智能、AR/VR、生物识别、图像识别、机器人等技术更加成熟，应用门槛大幅降低，新技术层出不穷，部分领先的零售企业将不断应用最新的科技。新技术产生的同时不仅能给消费者带来更好的购物体验，也将大大降低企业的运营成本，同时给企业带来革命性的变化。

二、消费者体验

这几年消费者不再处于被动选择的局面，反而成为市场的主导力量。消费者的主导权变大，对消费者需求的理解和感受也变得极其重要，我们开始真正进入消费者时代。“80后”、“90后”、“00后”正成为中国市场的核心消费群体，新一代消费者自我意识更强，他们的购物也不再局限于传统渠道，而是去接触新的、更有体验感的渠道。对于他们来说，社交新零售无疑就是一种更好的渠道，分享加消费，就是一种全新的购物体验。

三、全渠道经营

从零售商的角度来看，全渠道就是在多渠道的基础上，对各个渠道进行整合，让各前台、后台的系统实现一体化，为客户提供一种无缝化体验。从消费者的角度来说，全渠道就是可以让消费者在一个渠道挑选产品，在另一个渠道进行比较，最后选择第三个渠道进行支付购买。

四、全局营销

全局营销即整合各类可触达消费者的渠道资源，建立全链路、精准、高效、可衡量的跨屏营销体系。全局营销是以消费者运营为核心，以数据为能源，实现全链路、全媒体、全数据、全渠道的一种智慧营销方式。

五、场景化体验渗透产品和服务

首先，企业产品会根据场景设计功能，强化用户体验。产品体验不足时，企业会建立适当的服务场景打动客户。比如我们买房，如果看到的都是毛坯房势必兴致大减，而看到样板房就会有“家”的感觉从而刺激购买欲望。通过场景来打动客户的购买欲望，激发消费者的共鸣，促进产品和服务的销售。其次，通过大数据分析预知消费场景，提升客户体验。通过消费者的大数据分析，企业可以轻松整理客户需求、预判客户使用场景，从而优化产品和服务。

六、小区成为流量主要入口

零售经营的核心元素是流量，流量是零售企业最重要的资源。未来的零售竞争是流量的竞争，是顾客资源的竞争。如何找到顾客、建立连接、产生影响、增强黏性、提升价值、打造顾客终生价值是零售经营的主线。

当前的社会环境下，以往以商品力、品牌力为中心的零售营销模式已经发生变化，社交力、社群力正在成为新的零售营销影响力。零售变得社交化，具备更多的社交属性，具备更多的社交功能。在互联网环境下，社群影响已经成为消费购买的主要因素。

七、无人零售快速扩张

作为连接生产与消费的流通环节，传统零售企业对全供应链的控制能力较弱，信息传导响应不及时，供需错配，导致企业库存高企、周转率低、商品同质化等问题不断加剧。目前随着技术的日新月异、人工和租金的大幅上涨、基础设施的规模化和移动支付的普及，尤其是人工智能和物联网技术的飞速发展，无人零售已经具备加速发展的客观条件，加之资本入局，无人零售将进入快速扩张阶段。各种新型的自动售货机，包括占领办公室的自动咖啡机、自动售卖冰柜等，将成为新零售形态中不可或缺的一部分。

八、重构供应链

新零售将重构供应链，无论是商品流还是现金流都进行了重构，比如五芳斋的C2B供应链，让消费者选粽子的馅儿，选后快速回馈到工厂加工，再快速配送到消费者手中。

目前的零售市场已经是高度的线下与在线二维市场。未来的零售市场必将是更加充分的二维市场结构空间。市场不会再回到单一的线下市场结构,只有实现二维市场融合规划、协同发展,才是把握了市场的全部。

做好新零售必须要从如何统筹规划、融合好这两个市场开始。单一的线下,或是单一的在线都不完整。全渠道可以有两个实现方向:以线下为主,把在线流量导入线下;以在线为主,把线下流量导入在线。线下与在线市场必然是协同的,目标是一致的,不是竞争关系。不能把线下与在线割裂开来规划,自我产生竞争。

第一节 新零售的未来与管理应用

一、新零售的管理应用

新零售商品应用了在线与线下的模式,再通过社群方式来推广,最终的目的就是要达到整体新零售的销售效果。许多新零售只考虑厂商间的合作,怎样快速地提高产品生产效率,很少从消费者的角度来考虑。本节主要考虑到新零售的管理应用,通过社群的互动、想法的交流,为卖家提供最新的产品设计思路。随着市场环境的快速变化,商品需要不断地迎合消费者的口味。

如图 9—1 所示,新零售最终的目的是针对消费者的需求来设计产品与服务,有好的产品却没有好的服务是没用的。我们在前面提到消费者除了喜欢线下的体验与购买外,也喜欢在线的虚拟购物,这主要是结合了高科技的应用。高科技为人类带来了新的购物体验,消费者可以越来越便利地选择自己喜欢的购物方式。许多商家会在线通过短片介绍产品的功能与应用,这样可以吸引消费者来购买产品。近年来,消费者越来越喜欢用手机支付,尤其是 5G 时代的来临,整个新零售的管理应用会有新的发展趋势。我们在前面提到,许多生鲜超市提供在线下单、线下送货模式,这是消费者最喜欢的方式。因为消费者有时工作繁忙,没有时间来实体店购买生鲜产品,商家提供送货上门服务就深受大众欢迎。新零售时代，打破了传统的消费者找产品的模式，而是通过大数据技术分析消费者行为，让产品找消费者。现在许多通路商会结合线下体验的方式，让消费者持续购买商品。体验对于消费者来说会加深印象，好的体验对于商品有加分作用。

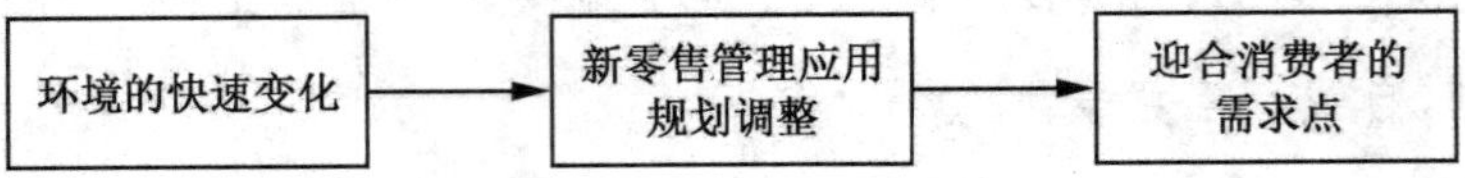

图 9—1　新零售的管理应用

二、新零售的成长趋势

阿里巴巴集团近年来投资马来西亚、印度等一些地方，主要是想通过跨境电子商务的方式把中国的货品运送到其他国家，并且在当地打造了在线与线下的商业模式。这是未来新零售的商业模式，国际贸易的概念就是跨境与新零售概念的大结合。我们可以了解到，电子商务刚出来的时候是以供货商为主，等到电子商务成熟后，渐渐地以消费者为主要对象。这是因为在线与线下的大结合，让整个新零售模式能够不断成长。相信在未来，新零售模式会推广到其他国家和地方，然后融合当地的消费者文化特色，并且建立起属于当地的在线与线下新零售成长模式。

三、新零售与未来的科技应用

5G 代表着可以快速连接到世界各地，游戏下载或者网友互动会更加顺利。对于未来的消费者来说，高科技的应用使生活更加丰富，他们会选择在线与线下结合的新零售方式；相应地，能抓住消费者心的商家终将脱颖而出。

四、朋友圈的产品发布

朋友圈对于新零售来说很重要，利用朋友圈来发布消息与产品，主要是为了与消费者做朋友，通过在线与线下的大结合，在朋友之间分享与评论产品。阿里巴巴旗下的淘宝网应用网红直播来引流，目的是希望在线与消费者建立良好的关系，并且快速转至朋友圈发布各项产品消息。如图 9－2 所示，店家可以通过朋友圈发布上架的产品，且消费者也可以在网上评价。

图 9－2　朋友圈发布产品

第二节　农村电商的新零售商业模式

一、农村电商结合新零售

（一）农村电商新零售商业模式导入

农村电商在浙江省海宁市已经开始发展了，主要是作为整个国内的示范农村电子商务。许多农民伯伯不会用电子商务来售卖农产品,一方面是没有在线平台来销售产品,另一方面是在乡下地方没有好的物流平台来运送产品。马云的新零售概念可以很好地应用于农村电商,让消费者可以品尝到各地最好吃的农产品,这个产品即便是在偏远的山区,都可以应用新零售的方式销售到全世界各个地方。新零售对于全球各地来说是个很新的概念,消费者可以在线浏览与下单,然后到线下的店面来参观与体验产品,这是消费者最喜欢的方式。农村电商也可以导入新零售的商业模式,然后快速地推广到国内各地。

(二)农产品的新零售模式

农村电商最主要是让消费者可以亲眼看到农产品的保鲜度,在线农产品可以把较大的淘宝网、天猫网等网站当作质量把关者,并且通过网红在线直播的方式向消费者说明,只要消费者信任该农产品的质量,以后消费者就会持续性地购买。这样的在线模式如果还不能取得消费者的认同,可以在各大城市开个农产品体验商场,让消费者到现场来看农产品,也可以快速地购买产品。

农村电商一来可以改善农民的生活,二来可以把农产品推广到全世界各个地方。农民会种出好的产品,但是缺乏渠道来销售,导致有时候农产品会滞销。我们就以中国台湾来说,之前发生过许多香蕉、高丽菜生产过剩的状况,如果当时有农村电商的概念,就可以把好的产品销售到全世界。所以新零售在线与线下的结合,对于商家和消费者来说可以达到双赢的局面。

(三)农村电商产品在线与线下的上架及管理应用

农村电商主要教导农民怎样将产品上架,怎样去参与和设计推广活动或者是怎样与消费者互动。其实这个过程最主要是帮助农民了解消费者到底在想什么,让农民知道消费者的需求点在哪里,然后可以结合市场创新设计理念。就以我们国内市场来说,有华东、华中、华北、华南、西部等市场,每个市场的消费者想法也不尽相同,这就是为什么新零售一直强调要给消费者体验。现在很多地方会举办一些农产品美食展,就是要让消费者体验农产品，通过品尝可以直接给相关产品反馈意见。

二、农村电商的未来发展

（一）农村电商未来管理应用

农村电商与新零售结合，已经成为未来的趋势。未来的农村电商会快速结合新零售并且服务不同客户群，中国已经在推行农村电子商务活动，相信未来会有更多的农民把农产品卖到各个地方。

（二）农村电商需要发展自己的特色

农村电商对于新零售来说，是个很有趣的话题。未来的农村电商会升级消费者服务，结合各地特色与文化来销售农产品，顺便可以打造当地的农产品特色，使消费者在观光的同时领略当地风土人情。

【本章小结】

1. 新零售的未来对于电子商务的发展具有正面的效应。主要是整体的环境变化太快，导致在线与线下市场需要迎合消费者的需求，要把新零售市场逐渐推广到国内各个地方。

2. 朋友圈的推广对于新零售来说很重要。好的产品只要不断通过朋友圈来推广，就可以快速地让消费者了解该产品的功能与优点。

3. 农村电商导入新零售的商业模式，可以使市场快速成长。主要是农民不会应用电子商务方式来推广他们优质的农产品，而通过新零售的方式可以快速地让消费者购买到全世界最好的农产品，这对于未来市场来说是个很重要的概念与管理应用模式。

【本章重要关键词】

环境快速变化　AR/VR　5G　农村电商　朋友圈　新零售商业模式

【本章课后练习】

1. 何谓新零售商业模式？在环境快速变化的条件下，该如何导入新零售商业模式？

2. 农村电商该如何快速导入新零售商业模式？消费者如何通过在线与线下体验模式来购买农产品？

3. 5G 对于新零售模式的发展有何影响？

4. 你觉得新零售未来的发展与管理应用会怎样？

参考文献

1. 熊志:《双十一！想创造历史，只突破数字还不够》，人民网，2019 年 11 月 12 日。

2. 徐凌峰:《新零售未来发展趋势展望》，《新农业》，2019 年第 20 期。

3. 钧瓷网，https://www.junci360.com。

4. 德勤:《传统品牌企业的新零售转型升级之路》(白皮书)，2017 年 10 月 13 日。

5. DT 财经:《2019 天猫双 11 洞察报告:创造新消费，数字时代的经济新动能》，2019 年 11 月 13 日。

6. 凯度 & 贝恩:《三大趋势引领未来:高端化、小品牌和新零售》，网经社，2019 年 7 月 27 日。

7. 前瞻产业研究院:《2019 年中国新零售行业市场现状及发展趋势分析》，2019 年 7 月 30 日。

8.《马云太难了:一天接 5 个借款电话　一周 10 个朋友要卖房!》，《21 世纪经济报道》，2019 年 12 月 23 日。

9.《联想通过跨渠道精心编排消息，提升消费者互动》，https://www.oracle.com/cn/customers/lenovo/oracle-mktg-cld-story-1.html。

10. 闫强、麻璐瑶、吴双:《电子口碑发布平台差异对消费者感知有用性的影响》，《管理科学》，2019 年第 3 期。

11. 艾媒新零售产业研究中心:《2019 中国私域流量现状剖析及发展前景预判分析报告》，艾媒网，2019 年 10 月 15 日。

12. Ikujiro Nonaka and Hirotaka Takeuchi. *The Knowledge-Creating Company: How Japanese Companies Create the Dynamics of Innovation*. Oxford University Press, USA, 1995.

13.《淘宝直播的造富神话》,https://www.sohu.com/a/226607990_505835。

14. 阿里巴巴支付宝主页,https://www.alipay.com。

15. 微信支付第三方平台主页,https://pay.weixin.qq.com。

16. 黄刚:《从十大物流技术分析亚马逊是如何玩转物流大数据的》,中商情报网,2016 年 1 月 25 日。

17. 赵筱雨:《浅析阿里巴巴新零售商业模式的实践——以盒马鲜生为例》,《大众投资指南》,2018 年第 22 期。

18.《饿了么已经用无人机送餐了》,https://www.sohu.com/a/233647817_269065。